不需要做的人生清單

從超高壓社會中生存、輕鬆工作的40個技巧，
「全世界最簡單」的人生規劃學

四角大輔
DaisukeYosumi

賴郁婷 譯

前言

一定要成為一個「什麼都會的人」。「我要贏」、「要符合期待」，就不能只是努力而已。

當你逼迫自己接受這種想法，抹煞自己的心靈，扛起所有大家口中「應該做」的事情時，是否覺得活著本身變得愈來愈痛苦呢？

我想說的是：

要想達到工作或人生的「自我理想」，不一定要跟「誰」比較，也不一定要做到「每一件事」。

我目前定居於紐西蘭，在原始林環繞的湖畔過著半自給自足的「森林生活」。除此之外一年當中也有好幾個月的時間在世界各地跑來跑去，過著「移動生活」。

我放棄自己「不擅長」的部分，將所有心思集中在「想做的事情」上，專心於「興趣」，過著簡單的生活。這讓我建立了如今這種自由、不受地點限制的工作型態。

我的工作橫跨多個不同的領域，除了兼任五家公司的工作，同時也是培訓創業家和歌手的講師、大學兼任講師、人生規劃線上學院的校長。我以戶外活動、旅行、有機、寫作等「興趣」為業，建立了一種自由自在的生活型態。

這樣的我，前一份工作是在唱片公司擔任製作人。當時受外界肯定的獨創性製作風格，其實就和我的生活態度一樣，都是單純的減法模式。

我經手過包括絢香、Superfly、平井堅、化學超男子、河口恭吾等十多位極具才華的歌手，在他們的協助下，我們一同寫下包含線上音樂網站在內共十次以上的百萬張銷售紀錄，CD銷售量累計超過兩千萬張。

然而，三十歲之前的我，其實是個完全失敗的上班族。剛進公司的前兩年我擔任的是業務工作，業績總是吊車尾，飽受同事的霸凌。之後也有好一段時間考績一直落在最低等級。

我每天早上都得先在鏡子前練習微笑和彎腰鞠躬，才有辦法出門上班。

我心想：「為什麼我總是做不好？真是個沒用的傢伙。」

漸漸地，我開始討厭自己，身體也因為壓力變差了。

就在快被煩惱痛苦徹底擊垮之際，我突然意識到一件事。

如果我只是盲目依循著前輩和大人們所說的「應該這麼做，這是常識」去做，自己卻完全不認同，不可能打造出屬於自己的理想人生。

如果只是一味地輕易相信社會上所謂的「理所當然」和「社會潛規則」，義無反顧去努

力，卻不做任何思考和創新，絕對不會得到幸福。

為了他人的一句「要克服自己的不擅長，不要輸給那個傢伙！」而投入龐大的時間和精力，更不會得到好的結果。

後來，我跳脫魯蛇員工的身分，成為音樂製作人，不斷創下破紀錄的熱銷成績，並且實現學生時代以來移居紐西蘭的夢想，成為暢銷作家。為什麼我可以做到這些？

這其中並沒有什麼特殊的方法，也沒有什麼曲折離奇的過程。

我只是老老實實地一心一意專注在眼前「自己辦得到的事情」上。

就算因為「正常來說大家都這麼做」而被迫去做，但只要自己打從心底無法認同和接受，就不需要去做。

就連一般而言大家都認為「一定要會」的事，只要心裡覺得不對勁，就算不會也無所謂。

什麼「正常」、「一般」的，這世上根本就不存在，不過是虛無的幻想罷了。

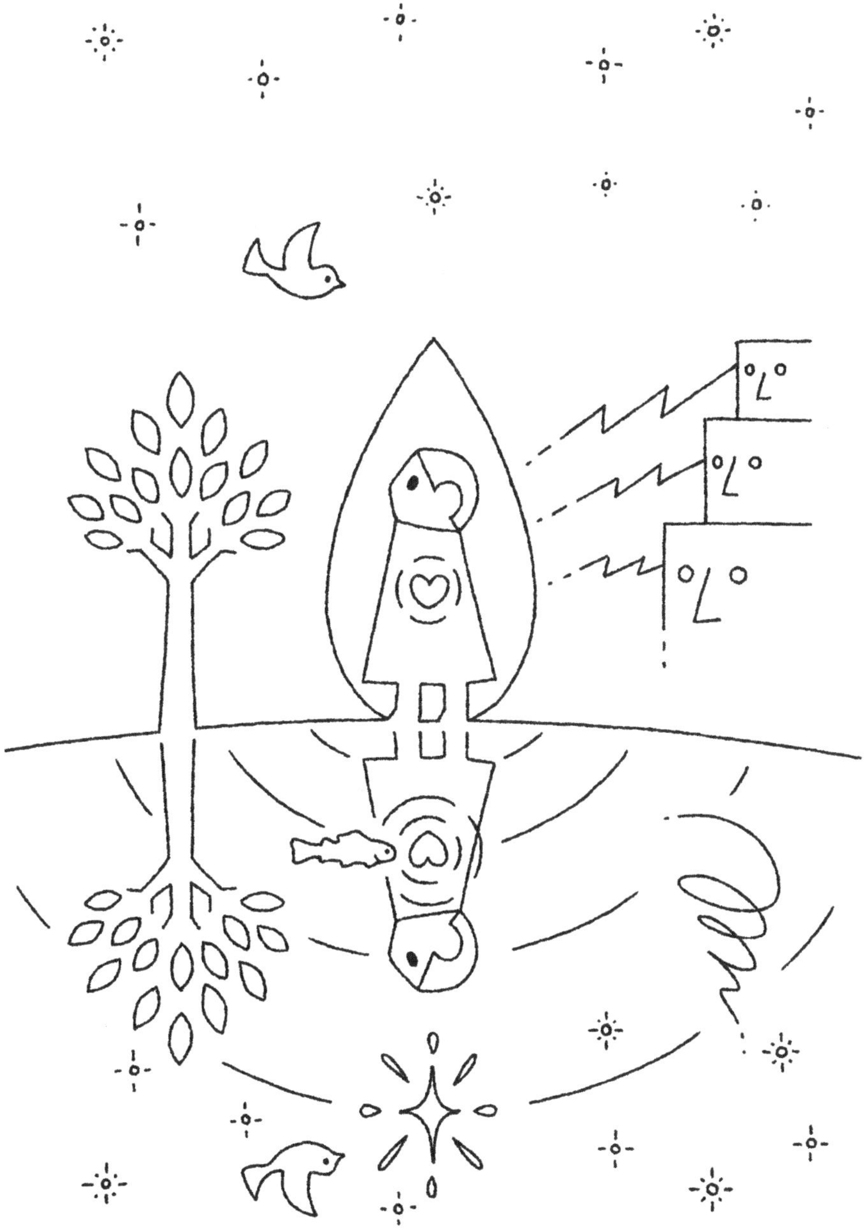

你應該依循的是自己由內而發的「真正的心聲」，不是基於他人或組織的方便而存在的「沒有依據的常識」。

我在三十歲以後，開始對抗這些外界的聲音，相信自己的感覺，專心一意在自己辦得到的事情上。突然間，我的工作和人生變得愈來愈順遂。

做不到、不適合自己的，就先擱在一邊吧。

勇敢相信自己，把一切賭在自己辦得到的事情上。

我敢說，這就是實現理想生活的唯一方法。

各位現在是不是也想在各方面都做到最好？無論是和家人或對外的人際關係，或是在學校或工作上的成績表現。

你是不是付出了一切努力，卻沒有一件事做到及格，所以感到掙扎痛苦呢？

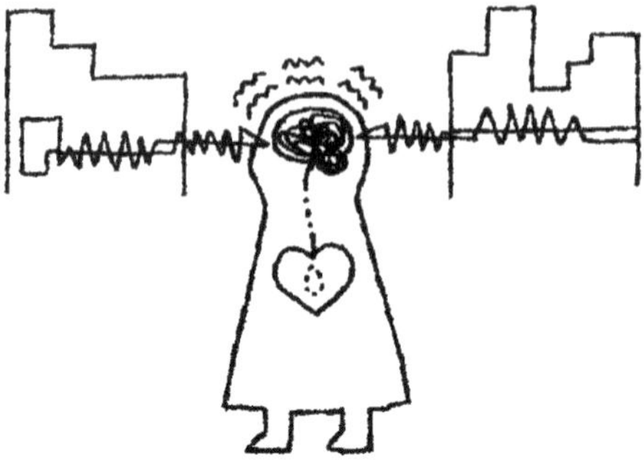

因為想對每一件事都投注心力，所以每一件事都只能做到半吊子。

與其如此，不如找一件可以全心全意投入，或是可以做到最好的事情去做。

先找到自己辦得到的事，接著專心一意地去完成。

變化球或細膩的投球技巧什麼的之後再說。

這時候需要的是直球，只要投出一記快速直球就行了。

這就像「人生什麼都能做，可是什麼都做不好」。

為了讓各位可以找到「專屬於你的理想」，接下來我將針對「不做也沒關係的事」以及「做了也無妨的事」，細分成四十個要點來介紹。

日本一直以來都是凡事都會做的「一般能力的人」比較受重用。

在宛如軍隊和工廠的體制下，每個人都被教育成像機器人一樣，毫無抵抗地聽從公司和長官的命令，每天不斷重複做著一成不變的事。

然而，世界會改變。現在的我們身處在二十一世紀。

無論是一路攀升的經濟，或是只要進入大企業就能保證一生安泰的常理，都已經完全消失了。

在這個社會失去安定和連貫性、連半年後的將來都無法預測的現今，照著過去的規則做事或重複舊有的方式，反而會讓自己置身於高風險中。

如今講求的不再是「和他人一樣」與「順從」，而是「獨創性」。

不是「毫無遺漏地事事顧全」，而是「專注在一點上面，尋求突破」。

就算和「大家」不一樣，也絲毫不必在意。

跳脫周遭人的眼光和期待，擺脫所謂常識的狹窄框架，讓自己自由吧。

退出沒有明確標準、沒有意義的人生競賽。

不要再繼續自綁手腳了。

我們應該依循的只有一個，那就是大自然的法則，以及自己內在的聲音。

不做也沒關係。辦不到也無所謂。只要做自己就好。

因為你的目標不是為了他人和社會的評價，也不是誰的理想，而是「屬於你自己的成功」、「屬於你自己的理想人生」。

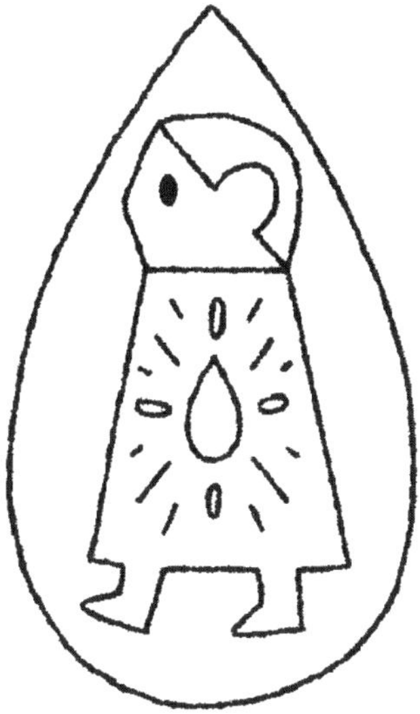

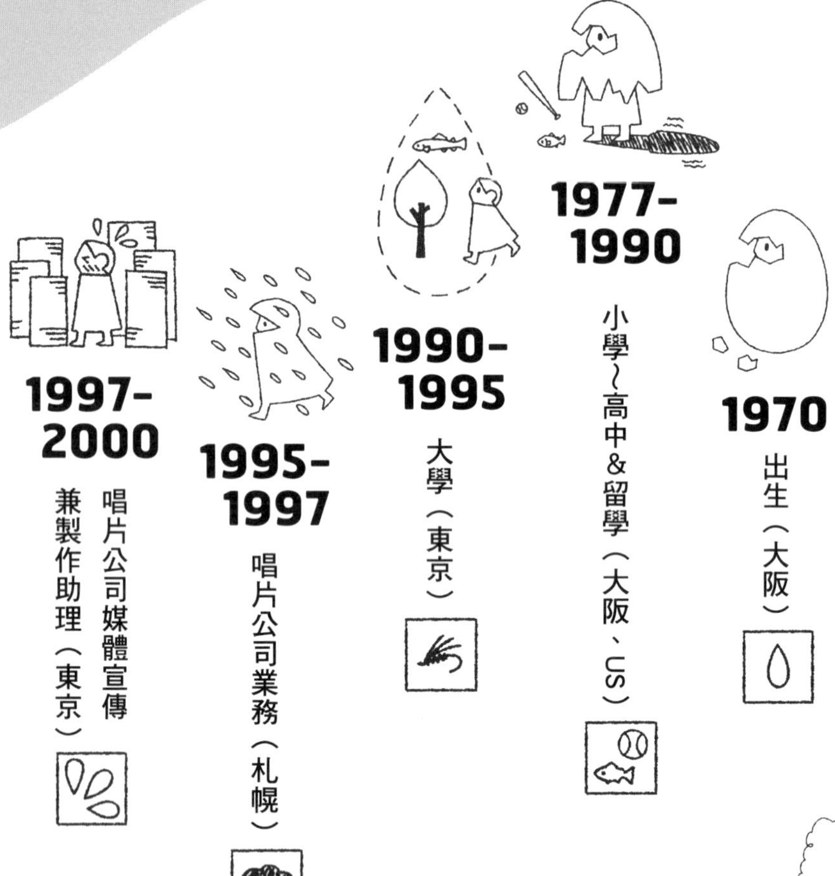

本書的閱讀方法

每個章節的章名底下都有該時期的代表符號。

可於本頁右上角折角，閱讀過程中必要時再回到本頁做對照。

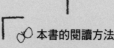

DAISUKE YOSUMI'S
LIFE MAP

2000-2001

唱片公司星探（東京）

2001-2009

唱片公司製作人（東京）

2010-

移居紐西蘭（NZ）

現在

紐西蘭的森林湖畔生活（NZ）
旅行全世界的數位遊牧生活（World）
探索原始自然的冒險生活（Earth）

Contents

第2章 孤獨

第3章 朋友

第4章 共創

第5章 工作

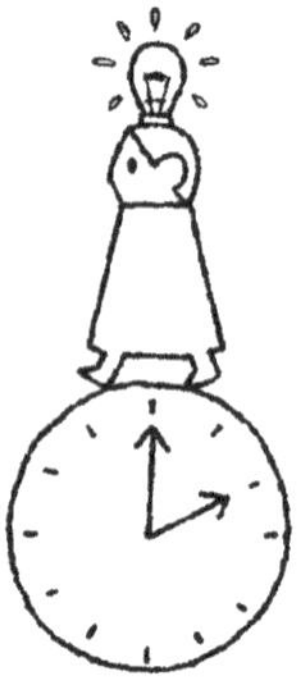

第6章　信念

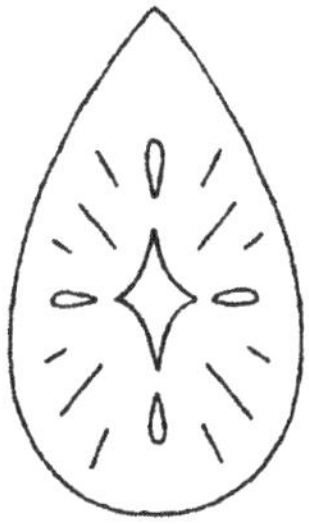

第7章　敏銳度

第8章 挑戰

第1章

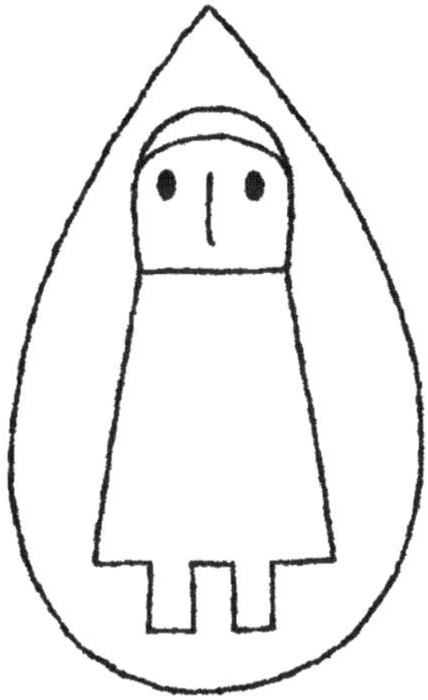

表現

Chapter
01
展現真實的自己也沒關係

我一直以來都是個不擅交際的人，直到三十五歲之後，才改掉這孤僻的個性。

二十多年來，我以製作人和朋友的身分，和許多歌手一同共事。如果要我用一句話來形容他們，我會毫不猶豫地說：

「他們都是勇於發掘自己喜歡和想做的事，永遠不放棄追求『活出自我』的挑戰者。」

不只是音樂，透過包括影像、攝影、繪畫、文字等藝術從事創作活動的人，當然都可以稱為是創作家。

即便不是從事藝術工作，只要是誕生在這個世界上，「活出自我人生，依照自己的意思在人生這塊畫布上自由揮灑的人」，無關職業、性別、年齡和人種，「每個人都是創作家」。

換言之，**「追求自我的人，個個都是創作家。」**

這是我想透過這本書真心傳達給各位的一句話。
怎麼做才能活出「自我」呢？
首先第一步是，盡可能展現真實的自己。

「不會害怕嗎？」「很丟臉吧？」
這種心情我當然很清楚。沒有人比我更瞭解做不到的理由。
因為我從小時候一直到三十歲，都是個不擅交際、不懂得表現自己的人。甚至如今都已經年過四十五歲了，要我表現出真實的自己，還是需要非常大的勇氣。

一直以來都隱藏真實自己的我，後來之所以能夠一點一滴地找到展現自己的「小小的勇氣」，全都是因為在唱片公司擔任製作人時，那些一直陪伴在身邊的歌手。
是他們讓我明白，**當一個人展現「真實自我」的時候，對他人而言是「最具魅力」的時候。**
我這也才知道，**一個人毫無隱藏地表現自我的瞬間，就是「最美的狀態」**。

更進一步來說，我和他們之間最大的差別，並不是才能，而是**「有多大的勇氣敢展現真實的自我」**。換言之，歌手的表演本身，可以說就是一種展現真實自我的行為。

對自己沒有信心，所以做不到嗎？

各位或許不相信，但是就我所知，他們每個人都對自己沒有信心。

所以自信根本一點都不重要。

他們把關於所愛的人、最在乎的想法等難以啟齒的一切，全部寄託於歌詞和旋律，化為演唱。將內心的痛苦、難過、無法解釋的複雜情緒，原原本本地勇敢表露。然後在眾人面前全心全意、毫無隱藏地唱出歌詞裡的情感。

附帶一提，我經手過的歌手類型橫跨搖滾、R&B、流行音樂、民謠、嘻哈、電子樂等不同風格。但其實這些背後都有我自己「不容妥協的共通點」。

那就是：「這個歌聲（音質）是否能打動我？」

在一開始聽這些人的試唱帶或現場演唱時，我在意的只有這一點。其他許多製作人會在意的部分，包括歌唱能力、音樂性、歌詞的傳達力、音感、外貌等，對我來說都是其次。

當然這些也很重要，但之後都可以再想辦法調整。

歌唱能力只要一直練，一定會變好，甚至運用最新器材，簡單一個按鍵就能修正音程。只要不放棄創作，作詞作曲能力也會愈來愈進步，加上專業視覺團隊的力量，想做到「個人特色」，即便是外貌，都絕對可以達到讓人耳目一新的效果。

但唯獨只有「歌聲」，是怎麼也無法改變的。我把這種無法改變的「聲音」稱為歌手的「絕對個性」。

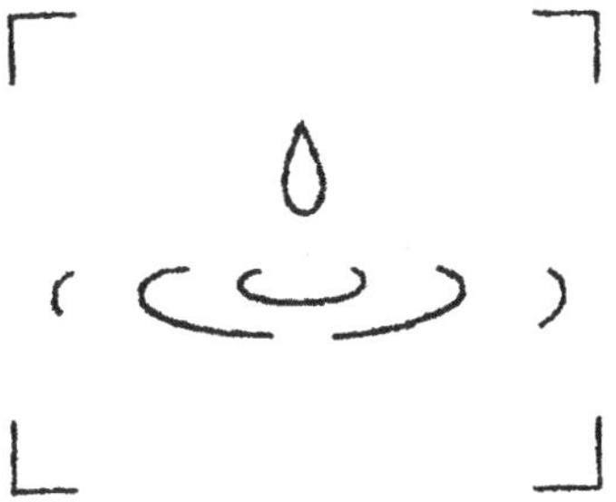

透過最新科技的器材再怎麼加工，最後的結果一定都會比原始聲音來得更糟。因為別的不說，「歌聲已經喪失了傳達的力量」。

我最喜歡觀賞現場演唱會，可以感受到歌手赤裸裸、未經加工的歌聲的本質。在歌手所有音樂活動當中，站在舞台上表演就是一種「最能真實展現自我的行為」。

想必應該沒有其他場合可以比站在幾百、幾千人，有時甚至是上萬人面前演唱，更能真實展現自我了吧。

觀眾就是受歌手這種「赤裸裸的姿態」所感動。

因為想體驗這種感受，所以才特地來觀賞現場演唱會。

歌手在舞台上演唱到忘我時，偶爾會出現「走音或無視於樂團節奏的脫序演出」。這種完全展露自我的模樣，總是讓我不禁感動到渾身顫抖。

這已經完全偏離了原本「重現經過反覆彩排後的完美表演」的計畫。不過，在會後的問卷調查中，多數觀眾都很喜歡這種瞬間的脫稿演出。可見**人雖然會感動於「精心計算的藝術活動」，卻更容易被「超越計算的藝術活動」所打動**。

所謂的歌手，就是放棄一切，將人生全賭在最喜歡的音樂上的人。

這樣的他們所散發的那種如孩童般率直的「真實的姿態」，著實教人感動。

以前我一直不喜歡隱藏真心話的「大人」。幾乎交不到任何知心朋友的我認為，自己之所以活得那麼痛苦，全都是周遭人的錯。後來，開始接觸到歌手之後，我漸漸意識到，自己才是隱藏著真實自我的人。

從那之後，和歌手一起同甘共苦努力、為他們付出勞力，成了我最充實的時間。我也慢慢發現除了他們以外，這世上還有其他「勇於活出真實自我的大人」存在。

我在求學工作的過程中，經常遭遇令人不舒服的對待。包括面對人群時說話結結巴巴、緊張到滿臉通紅而受人嘲笑，因為妥瑞症而被當成傻子、遭受霸凌。

唱片公司的工作乍看之下雖然光鮮亮麗（實際上有八成都是無趣的業務工作），但每一次面對他人時，我都得在內心對抗著極度的緊張和小小的恐懼。

然而，在長年和歌手的相處之下，我漸漸能夠理解「做自己、表現真實的自己就好」的人生真義。

你的「絕對個性」是什麼？
幫助各位找出自己的「絕對個性」，就是我提筆寫作這本書的出發點。

Chapter
02
不會說話也沒關係

以前我是個不擅與人交談的人。

即使是現在，和初次見面的人說話還是會緊張，在工作上面對人群做簡報或演講，也會緊張得滿臉通紅。

四十歲以後情況雖然比較好轉了，不過在這之前，每一次面對人群說話之後，我總是會陷入自我厭惡的情緒中，心情極度低落。

「為什麼我連話都說不好」、「我是個缺乏溝通能力的人」。我想一定有很多人像過去的我一樣有這些困擾，但其實各位不需要沮喪。

只要針對自己最喜歡的話題去說，一個就好，說到讓對方感興趣就行了。

我當年一畢業就進入SONY音樂工作。音樂圈大多給人光鮮亮麗的印象，不過，當時的我並不是那種「看起來像是會進入音樂圈的學生」。雖然就讀知名大學，但也不是什麼頂尖的一流學校。加上我對最新流行潮流完全陌生，更沒有領導能力。

我也不擅長在眾多具有強烈個人風格的團體面試中凸顯自己，到卡拉OK也不敢在大家面前唱歌，不懂樂器，也不會跳舞。不會看樂譜，也沒有音樂素養。更不是什麼有系統地聽音樂的音樂狂熱分子。

當時SONY的求職表格中，有一部分是一整張A4空白紙大小的「表現自己」的欄位。我在那張紙的正中央貼了一張野生櫻鱒悠游在溪流裡的照片，並寫下自己從小學時就夢想釣上這種魚、直到後來夢想成真的真實過程。

後續將會再提到，我是個釣魚迷，喜歡到甚至為了鑽研飛蠅釣而移居紐西蘭湖畔，也就是直接住進釣魚區。釣魚是我最開心的時刻，滿腦子只想著釣魚的事，生活中最重要的事情，就是到湖邊釣魚。

當時我還是認為「在眾人面前說話」比什麼都痛苦的個性，但如果聊到釣魚，說再多我也沒問題。

和我同世代的人當中，高學歷又精通流行、穿著時尚新潮的人應該很多。但是像我一樣投注「時間和熱情在釣魚上」的人，應該不多吧。

這種對比周遭人顯得突兀、被稱為怪人的「以釣魚為重心的生活態度」，無意間很自然地為我帶來「獨樹一格的發想」，讓我具備創意，成為一個「獨特的人」。

非但如此，我相信在所有希望進入唱片公司的求職者當中，跟我一樣個性的人，肯定「絕無僅有」。

面試官的目光一定會停留在我的應徵表格中那張A４的紙上，面試時一開始就針對那一點提出問題。當然，只要是釣魚，我都能侃侃而談。當天整個面試就在釣魚的話題中結束，幾乎沒有聊到音樂。

那一天，我「開心熱中於喜歡的事物，而且有辦法簡潔明瞭地表達」的表現，讓面試官看出我的潛力，最後順利取得內定的資格。也就是說，區區一個「釣魚」的話題，就讓我從大約四百倍的激烈競爭中脫穎而出。

聊天的話題沒有限制，什麼都可以。

各位不妨先找個「聊起這個自己絕對不輸任何人」的話題來嘗試。至於會不會「被接受」，姑且就先不在這個階段的考慮之中。

為了讓各位可以參考我的成功經驗，我想利用接下來的篇幅，把當年面試之前所做的嘗試，一一和大家分享。

當時，我在某一天突然想到自己可以跟人聊釣魚的話題。

於是我試著讓自己在面對他人時不要緊張，放輕鬆地分享有關釣魚的內容。同樣的內容，我嘗試跟好幾個不同的對象分享。

這讓我漸漸歸納出「大家感興趣的內容」，以及「可以吸引對方從頭聽到尾的表達順序」等重點。

在這個階段，我發現一個很重要的關鍵點。
那就是對釣魚沒有興趣的人，是無法長時間專心傾聽的。
所以接下來我要做的是「盡量簡短、簡潔地表達」。
我不停進行說話練習，訓練自己盡可能把內容縮短在五分鐘之內講完，最長不超過十分鐘。甚至事先擬好三分鐘和一分鐘的聊天版本。
經過不斷的嘗試和失敗，最後終於完成網羅所有重點、簡潔扼要的「絕對不會失敗的聊天內容」。
到了這個階段就算成功了。
接下來要做的就是從身邊找個擅長聊天的人。
學習對方說話的技巧，讓自己的「絕對不會失敗的聊天內容」更進一步提升。
例如，和對方聊天時一旦發現「這一招可以學起來！」的表現方式和措辭，可以當場先問對方「可以等我一下嗎？」，趕緊筆記下來。
若是不好意思開口打斷對方，就趁著上廁所的空檔做筆記，或是假借回覆緊急簡訊，用手機簡訊做筆記傳給自己。

以我自己來說，我報名參加了有關說話表達的講座，也找了相關書籍來讀。

不過比起這些，**從身邊人的言談當中，絕對可以找到更多對自己而言「生動」、「可以馬上派上用場」的表達方法。**

不同於一定會有時間差的書籍和講座，身邊擅長說話的人「實際使用」的說法，不僅是即時且最新的用法，而且很多自己也「實際用得上」。

如果想學習說話表達或做簡報的技巧，建議大家可以就近向身邊「擅長的人」學習就行了。

比起書籍和課程，隨手可得的最佳學習場所，就是現實生活。

各位也要好好想想自己「喜歡」、「興致勃勃」、「做得開心」的事物，就像對我而言的釣魚一樣。發現的線索一定就隱藏在你過去的人生中。

找到之後，以充滿熱忱的方式簡潔地與人分享，吸引到不感興趣的人專心傾聽，就算成功了。接下來只要將學會的這套「方法」，套用到其他話題上就行了。

Chapter 03 不改正缺點也沒關係

請各位回想一下小時候的情況。

數學好的人，是不是都有過被罵「分數比較差的國語要多加油啊」的經驗？體育成績好的人，是不是也曾經被罵過「上課要專心」呢？

在日本，比起發揮所長，大多時候都會被要求要克服自己的弱點。不過事實上，要讓一個人發光發亮，並不需要改正他的缺點。

讓我相信這一點的是與某個男子二重唱的相識，這也是促使我轉換到製作人跑道的最大轉機。

我至今還對我們第一次見面的那一天印象深刻。

地點是在東京都內的電視台攝影棚。

當時一聽到他們採排時的現場演唱，充滿渲染力的溫柔歌聲，讓我「一聽鍾情」（不是一見鍾情）。非但如此，他們那讓人感覺不易親近的外貌，以及率直而認真的眼神，也深深吸引了我。聊過之後才發現兩人其實相當害羞而憨直，個性溫和。

很快地我就被他們所吸引。

他們兩人雖然境遇不同，但都在各自的人生經歷了千辛萬苦。他們絕對不是什麼會說話的人，而是不會為了追求成功而算盡心計的老實人。

這樣的兩人，一唱起歌來頓時耀眼奪目，歌聲震撼人心。讓我對他們產生了一股彷彿看到自己的特殊情感。

從小除了熱中的「釣魚」和「棒球」之外，我對自己完全沒有信心，一直到高中畢業之前，都是個極度內向害羞的人，不敢出鋒頭。剛踏入社會時，我每天飽受指責、受盡霸凌，後來還是一樣不懂得讓自己變得有利。

這樣的我，其實國中時期非常討厭自己。

我真心認為，假如當時的我能夠在報章雜誌上看到像他們一樣「個性老實，單靠一技之長（唱歌）來決定人生勝負的歌手」，我的內心應該就能有所依靠，人生變得更快樂也說不定。

比起製作人的身分，我個人打從心底想為他們貢獻己力。於是我告訴自己：「我要盡可能不做任何添加、也不做多餘的加工，將他們真實的歌聲傳達給所有人。」

在他們首次亮相、終於登上大型電視歌唱節目之際，兩人緊張地問我：「怎麼辦？我們很不會在鏡頭前說話。」

當時我告訴他們：

「不知道怎麼回答也沒關係，不必試圖掩飾或語帶敷衍，老實地說『抱歉，我不知道該怎麼回答』就行了。這樣可以最直接地讓觀眾感受到你們的誠實。」

隨後我又補充了一句：

「不會說話也沒關係，就專心在拿手的演唱上吧。」

聽完兩人都鬆了口氣表示「這我們做得到！」。從那之後，「真實」就成了他們的形象策略之一。

唱起歌來出神入化，散發耀眼奪目的光芒。不過一旦說起話來馬上變得老實木訥，回到害羞的鄰家男孩的模樣。如此討人喜愛的個性讓他們大受歡迎，寫下年銷售量冠軍和瞬間最高收視率等多項紀錄。

隨著他們毫不隱藏「真實」的表現，漸漸地他們的演唱會吸引愈來愈多從他們身上找到認同感，像過去的我一樣痛苦於自卑當中的國高中生。

「我一直被笑是個電腦阿宅，但是看到他們為唱歌賭上一切的身影，感覺我也得到做自己的勇氣了。」

「爸媽因為我成績變差而要我退出社團，讓我不知道該怎麼辦。不過，現在我決定要繼續堅持下去了。謝謝你們帶給我的鼓勵。」

我們陸續收到許多像這樣來自全國各地帶著煩惱的男孩子寄來的歌迷信件。也就是說，這些人都從歌手表現真實自我的行為當中，找到了勇氣。

從這些怯懦的國高中生身上，我看到以前的自己。

比起第一張專輯三百萬張、第二張兩百五十萬張的銷售量，對我而言，看到來聽演唱會的那些男孩子們的身影、讀著他們所寫的信，才是「真實的感動」。

或許有人會覺得「那是因為他們是明星，我沒有什麼才能，所以一定要改掉自己的缺點才行」。

只不過，各位身邊充滿魅力的人，難道都是「完美無缺」嗎？

即便深受歡迎、看似完美的歌手，實際上也有很多缺點，和你我一樣都是不完美的人。

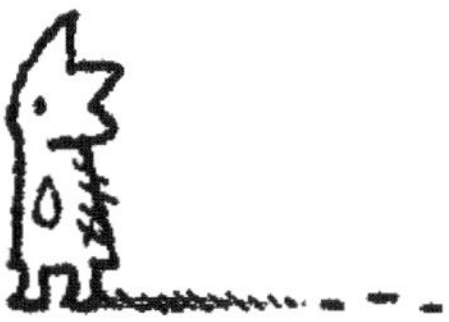

我在唱片公司待了十五年，從來沒有見過任何一個毫無缺點的全能歌手。很多歌手都有不能說的煩惱和辛苦，內心受盡創傷。而且，他們隨時隨地都在對抗缺乏自信的自我弱點。

但即便是這樣，他們還是專心在「唯一最愛」的音樂上，做出打動人心的歌曲和表演。

過去日本是以製造業為主，透過反覆進行同樣的方法，大量生產相同的東西來販售。所以無論在教育或社會上，都要求大家成為幾乎無缺點的「一般能力的人」，或是「什麼都會的人」。

然而，時代已經完全改變了。

如今講求的是對失去作用的體制和形骸化的規範具改善作用的全新想法和創新。

這時候需要的就是「獨創性」，以及獨一無二的「絕對個性」。也就是**結合人的「拿手」與「不擅長」所產生的「創造力」**。

從今以後，與其花時間和精力去改正自己的缺點，不如專心發揮所長，肯定沒錯。

這才是讓工作和人生更順遂的唯一辦法。

因為我們就活在這樣一個令人雀躍的世界。

Chapter 04

不需要當主角

每個人都有各自既有的角色。這個真理，用我熱中了將近十年的棒球來比喻就非常好理解。

有的人可以當個稱職的第四棒打者，有些人則適合當第一棒。有的人適合當投手，有些人則是可以當個傑出的外野手。

透過棒球，我深刻體認到自己的特性和角色。

「無論我再怎麼努力，都無法成為第四棒或王牌投手。」也就是說，我明白自己在棒球的世界裡「無法擔負起主角的角色」。

這個挫折般的慘痛經驗，為我後來唱片製作人的工作帶來很大的幫助。

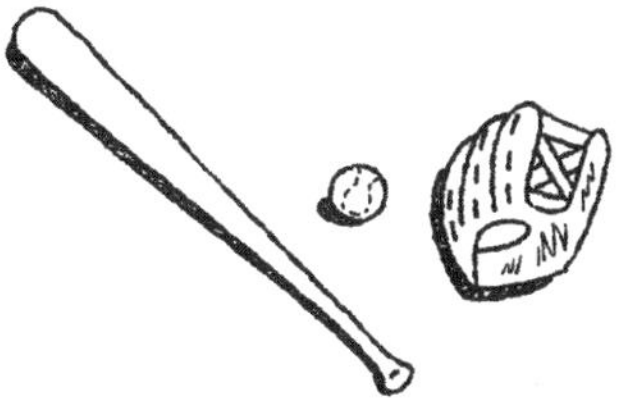

我在小學低年級的時候就加入青少年棒球隊了，升上五年級的那一年，很幸運地日本創立全國大賽。第一次距離「日本第一」那麼近，讓我們大家都感到興奮不已。

在小學最後六年級的那一年，我無論如何都想在全國大賽中拿下冠軍，成為日本第一。於是我和隊友開始思考。

到底該怎麼做才能成為日本第一？

最後，在夕陽照射下的學校運動場上，我們的討論有了結果——「只要用日本第一的方式練習，應該就能成為日本第一了吧。」

這是最簡單，但或許也是最正確的想法了。

於是，我們隨即開始進行嚴峻的練習。

升上六年級之後，球隊來了一位作風嚴苛、曾經培育出知名棒球選手的總教練，無論在練習內容和分量上都比以前來得嚴峻。即便相繼有球員受傷，甚至退出球隊，練習也沒有一天慢下腳步。

漸漸地我們愈變愈強，接連以完勝的姿態拿下當地的全市大賽，緊接著是大阪府大賽，最後終於晉級到全國大賽。

最後，在距離大家一同許下承諾的一年後的夏天。我們的球隊竟然奪下日本第一！夢想真的實現了！

這個成功的體驗帶來的效果十分強烈。它讓我深刻體認到「努力愈多，最後一定會成功」。

如今想想，也是在這個時候我就領悟到，**只有盡最大努力的人，「命運女神」的「神奇力量」才會偶爾朝他微笑**。這個道理後來也印證在飛蠅釣和唱片製作等工作和人生上。

我在球隊中擔任的是第三棒打者。

我明白自己絕對不是什麼「天才型」的選手，所以每天都偷偷在家練習揮棒至少一個小時以上。練到雙手經常滿是血泡，破裂後手掌和手指盡是傷口。

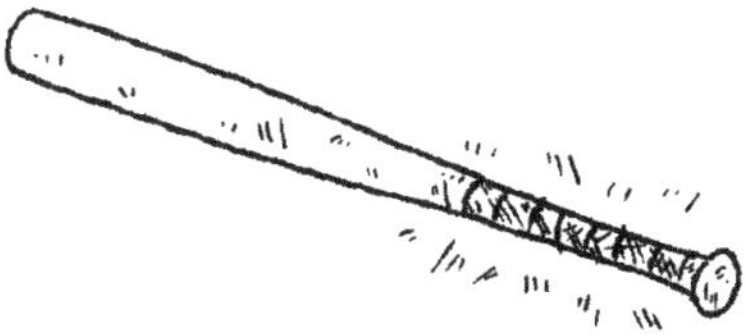

經過不斷的練習，我發現一個很簡單的道理——只要持續不間斷地練習揮棒，就能在比賽時擊中球。但是就連一天的偷懶也絕不容許。

附帶一提，就算我再怎麼天天努力不懈地練習揮棒，唯獨只有渴望已久、只曾出現在夢裡的全壘打，幾乎從來沒有打出過。

「個人練習的多寡會和比賽結果成正比，所以對我來說，唯一的方法就是認真練習。」

但是，這個經驗也讓我深切地瞭解到，「不論自己再怎麼練習，也無法成為擊出全壘打的第四棒。」

當時擔任第四棒打者的隊友和我完全相反，是個天才型的球員。

他的身高比任何人都來得高，體格壯碩，體力超乎一般小學生的程度，可以輕輕鬆鬆地接連擊出全壘打。而且他的抗壓性強，遇上背負著大家「一定要打中」的期待的情況，也一定都能不負眾望地成功擊出全壘打。

反觀我自己，狀況好的時候也好幾次擔任第四棒打者，但總是中途就被換下場了。因為第四棒打者這種「主角」的身分，對於抗壓性低的我來說實在太沉重了，導致無法發揮原本的實力。不僅如此，具有快速球能力的我也曾經被選拔為投手，但最後也是基於同樣的理由放棄。因為一旦站在投手丘上面對大家的注目和期待，我便無法發揮原本的實力。

但如果是打第三棒，我就能以高打擊率不斷擊出安打，加上熟練已久、成功率百分之百的觸擊短打（犧牲打），讓我能夠以「最佳配角」的第三棒身分，為球隊做出極大的貢獻。

而且，雖然當不了投手，但我是個稱職的內野手，幾乎從來沒有漏接和失誤。

對比自己和第四棒強打的隊友，以及投球穩定的王牌投手，我得到一個結論：

「我既沒有足以勝任投手角色的堅定心靈，也不是能夠擊出全壘打的天才型選手。但我是屬於那種只要持續努力，就能做到『只有我辦得到的成果』，為球隊做出貢獻的類型。」

多虧了他們，我才能發現自己的特性和角色。

棒球被認為是最講求團隊合作的運動。

如何在守備和打擊順序上做適才適所的分配，決定了球隊的實力。

舉例來說，光靠能夠擊出全壘打的強棒打者自己一個人活躍是不行的。

其他還需要腳程快、可以確實上壘的選手，以及能夠把壘上隊友往前推進壘包的打者，還有能夠製造最有利的情況、讓第四棒有機會擊出全壘打的打者。少了這些，都無法一舉得分。光靠有能力的投手獨自奮戰，缺乏防守扎實的野手（守備群），也無法贏得比賽。

所有人都是第四棒類型，或者都是王牌投手的球隊，對上每個球員都能徹底扮演好各自被付予的打擊順序和位置的球隊，最後勝利的一定是後者。

每個人有不同的角色任務，都能在各自的位置上發揮「獨特性」，這才是最理想的狀態。

就企業和組織來說當然也是，對日本社會，甚至是「所有人類」而言，也是同樣的道理。

雖然無法成為球隊的主角，不過當我打從心底**對於自己的「位置」（打擊順序和守備位**

置）感到開心，覺得自己在球隊裡的角色他人無可取代之後，我的表現開始突飛猛進。

對比之前一直懊惱無法成為第四棒和投手時的心情，那時不管在哪個「位置」，我的表現都稱不上是個稱職的球員。

棒球教會了我很多事。

這種適合「為第四棒製造最佳情況（舞台）」、「當投手後盾」的個性，為我後來唱片製作人的天職帶來更亮眼的成績單。

這種「每個人都有各自的角色」的思維，深深影響我往後的人生。

這就是為什麼我最想告訴各位**「每個人都是創作家＝每個人都應該活出自我、專心在自己的角色上」**。

這也是促使我後來認為「發現自己的位置」，比「發現自我」更重要的最大原因。

第2章

孤獨

Chapter 05 勇敢跟隨內心無法言喻的衝動

我第一次「釣魚」是在上幼兒園之前。

將魚鉤拋入從陸地什麼也看不見的水中時，感覺就像和「未知的世界」牽起了連結。細節的部分已經不記得了，唯獨當時那股幾乎按捺不住的內心激動，至今仍記憶猶新。

第一次親手釣到魚，是在上小學之前。

當時老家大阪府郊區的鄉下，還有許多河川和池塘。

我跟著「發現秘密基地了！」的朋友騎了二十幾分鐘的腳踏車，再走過一片草叢，來到一條小河邊。那對我來說是個小小的冒險。

我將魚餌拋入水中，等待魚兒上鉤。突然間感覺釣魚線一陣晃動。

「釣到了！」我完全沉浸在這突如其來的驚喜中。

最後，我釣上了一隻手掌大小的小鯽魚。

然而，我心中一直忘不了那種「幾乎無以言喻的強烈衝動」，這也決定了我之後的人生。

各位別笑我，這些都是真的。

因為，後來我就利用唱片公司繁重工作的空檔，投入飛蠅釣的獨特釣魚世界中，成為業餘釣手。甚至為了專研這種釣魚法，索性移居到全世界最適合飛蠅釣的國家——紐西蘭的湖畔（釣場）生活。

各位小時候也有類似這樣的經驗嗎？

在各位內心深處，一定都隱藏著「足以改變人生的衝動」。對象每個人各有不同，只是對我來說剛好就是釣魚。

很多時候你可能只是忘記它的存在，或是將它封印在心底，但我相信你隨時都可以重新喚醒它。

從那之後，每天一下課我就跑去釣魚，直到天黑才回家。

週末和放長假的時候，就跟著登山社出身、擅長溪流野釣的爸爸一起到和歌山、長野、岐阜等自然生態豐富的地方去露營或登山健行。

漸漸地附近的河川和池塘已經滿足不了我，於是我請家裡幫我買了一輛旅行自行車，在小學高年級到國中那段時期，經常騎車到路程一兩個小時，甚至更遠的美麗高山湖泊去釣魚。

上高中之後，我買了一輛中古越野自行車，從此釣魚的活動範圍變得更廣、更頻繁了。

到了大學，我終於實現國中以來一直列在「夢想清單」上的「飛蠅釣」和「露營車之旅」的夢想。

我兼了好幾份勞力性質的打工，吃著硬邦邦的便宜麵包裹腹，花了將近一個月的時間自己改造了一輛露營車。

我備齊所有釣魚和露營用具，從關西中部出發，以甲信越地區（譯註：日本中部地方東部的山梨縣、長野縣、新潟縣的總稱）為中心，獨自到各地的河川溪流進行飛蠅釣之旅。

我將車子停在林道上，揹著裝滿食衣住用品的背包前往水源地或高山湖泊釣魚。有時花上一整天的時間，有時候甚至是好幾天。

這就是如今我的人生志業——飛蠅釣冒險最初的雛形。

我第一次的北海道露營之旅，花了將近二十天的時間，足跡幾乎橫跨整個大陸。那一趟旅行讓我再一次體驗到「無以言喻的衝動」。

我在屈斜路湖邊搭帳篷待了好幾天。某一天清晨，大地晨霧在第一道曙光照射下散去，露出明鏡般的靜謐湖面。那一瞬間，我的內心一陣悸動。

就是在那個時候我意識到，從小在許多湖邊釣魚長大的我，「真的很喜歡湖泊」。同時我也明白，對我而言人生最放鬆自在的時刻，就是「在湖邊進行飛蠅釣的時候」。

由於我幾乎每一次都是獨自旅行，所以說話的對象都是大自然，還有自己。對當時孤僻的我來說，獨自旅行一方面也是為了逃避交際。

然而，這「孤獨的時間」，如今反而成為我無可取代的寶物。

我每年有超過一百天以上都在進行飛蠅釣之旅，漸漸地我的海腦裡不再有「雜念和私欲」的噪音，終於找到和自我心靈相通的方法。

和心靈相通的方法沒有任何限制，跑步、瑜伽、冥想、茶道都行。只是對我而言正好是飛蠅釣和登山這種大自然冒險的獨自旅行。

我把這種接近自我內心、面對自我的「一個人的時間」稱為「創作家的時間」，直至今日仍十分重視珍惜。

只要找到和自己心靈相通的感覺，所有「勉強自己去做的事」和「欺騙自己去做的事」都會變得無所遁形。這時候就會想起自己真正「想做的事」和「喜歡的事」了。

接下來就能找回真正的自己，以及自己的人生。

不必害怕孤獨。因為那可是非常珍貴的「創作家的時間」。

Chapter
06

不必羨慕別人家的草地

二〇一〇年一月，我三十九歲那一年。

我辭去了唱片公司的工作，終於實現大學時代以來的夢想——移居紐西蘭。

在遞出辭呈之前，很多人跟我說：

「你現在正處於事業巔峰，在唱片製作上寫下這麼多成就，放棄這一切太可惜了啦！」

但是我一點都不這麼認為。

從客觀的角度來看，我確實在工作上交出漂亮的成績單，坐擁高薪、安定的生活。在什麼問題也沒有發生的情況下主動放棄這樣的生活，就「一般常識」而言或許真的很可惜。

不過，「移居紐西蘭」是我踏入社會前就一直懷抱的夢想。也就是說，踏入社會之後所

得到的地位、名聲、收入等一切，全都是「原本不屬於我」的東西。

所以我並沒有「放棄」的感覺，只感到如釋重負，深深地感慨「終於可以做回真正的自己」。

為了實現夢想，我可以說在培育歌手這辛苦的工作上付出了一切努力。

我因為接連製作出暢銷專輯，薪資年年倍增，但我依舊選擇住在墓園附近的四十年老公寓，時間長達十年以上，因為這裡鄰近車站，房租又便宜。車子也是開了十三年的老車，直到老舊到無法使用才更換。家裡所有家具都是二手的，就連身上的衣服也多是二手衣。

我從來都不會羨慕他人。

也完全沒有想過要過光鮮亮麗的生活，或是用昂貴的名牌品，或是開高級車。

我敢說，要是那時候自己浪費任何一點金錢和時間去追求大家認定的所謂「好的生活」，移居的夢想就不可能會實現。

假使抵擋不住外在的誘惑而違背自己內心真正的夢想去追求「這些那些」，是絕對不可能得到幸福的。

一直以來我都被視為是個「奇怪的人」，孤獨地走在異於他人的道路上。但我並非標新立異地刻意選擇和大家「不同的路」。

只是當我誠實地追隨內心「往這邊！」的強烈呼喚（有時只是低聲輕語）前進，很多時候那都不是和大家一樣的「柏油路」，而是「毫無鋪設的荒蕪道路」。

如果一直不去傾聽自己內在的聲音，只在乎周遭人的目光和趨勢而隨之起舞，一個不小心，就會走上和大家一樣的路。

這樣的人只要看到和自己方向不同的人就會生心羨慕、深受吸引，最後迷失自我。而且因為只顧著左顧右盼，忘了眼前的方向，造成自己一路上事故頻繁、狀況不斷。

選擇荒蕪的道路，也就是走自己的路，絕不是件輕鬆的事。但是我敢說，要想實現自己真正的夢想，這就是唯一的一條路了。

Chapter
07
不需要「待辦清單」

我目前身兼京都精華大學和上智大學兼任講師的工作，時間分別是從二〇〇九年和二〇〇七年至今。另外也曾因應其他許多學校的邀請，在半年內於將近三十所大學進行巡迴客座。

無論是授課大學的學子，或是在其他大學擔任客座時遇到的學生，甚至是公司底下的大學實習生，很多人都會跟我說：

「我不知道自己想做什麼。」

事實上，許多已經在社會上工作的人，也都「不知道自己真正想做什麼」。

另外還有一種人是「有太多不得不做的事了，導致無法做自己想做的事」。這種時候，我會先跟對方說：

「既然這樣，你先把到下個星期之前的待辦事項全部寫出來我看看。」
有趣的是，每個人都會洋洋灑灑地列出一長串的清單。
接下來我會問對方：
「在這些清單當中，不做會死的有幾項？」

事實上，很多人都只是覺得自己「很忙」、「工作太多、好累」，所以感到不知所措。

然而，一旦真的把所有事情列出來一一冷靜審視，會發現幾乎沒有什麼是「非做不可」的。

很多人都會不自覺地覺得自己「非做不可」而感到急躁、焦慮，為「待辦清單」忙得焦頭爛額。所謂「非做不可的事」，幾乎都是來自外界的強迫。而人生最痛苦的，莫過於把這種「待辦事項」當成自己的生活重心。

想到自己將人生的大半時間全花在「不想做的事情」上，難道不覺得很可怕嗎？

如果覺得自己每天只是忙於「待辦事項」，不妨可以試著列出「自己想做的事」。

我從國中開始就養成習慣隨時這麼做。

所以我很清楚自己最重視的是什麼，也能隨時回過頭來檢視自己的方向。

促使我養成這種習慣的契機，是國一上學期的期中考。

小學時，我從來沒有在家念過書。上國中之後面對第一次期中考，對我來說簡直就像坐牢一樣，只能被綁在書桌前動彈不得。

奇妙的是，人在行動受限的時候，都會意識到自己想做的事。就像各位會在擠得水洩不通的電車上或蹲廁所時得到靈感一樣，我當時也是。

「我都忘了自己想看那部電影。」

「我想再去一趟那個誰告訴我的秘密池塘。」

就這樣，想做的事接二連三地浮現在我的腦海，一共超過十項。

於是我告訴自己：「先撐過期中考再說，等到考完，我就要去做所有想做的事！」只是這麼一個簡單的念頭，我卻感到無比興奮，甚至覺得「這是人生最棒的事！」。

只不過，期中考一結束，我整個人只顧著玩，完全把之前想到的「想做的事」拋在腦後，忘得一乾二淨。

在學校整天埋頭於社團活動，天黑才回家吃飯睡覺。每天過著如出一轍的日子。

直到下一次考試時，才又再度想起「自己想做的事」。

「我竟然忘了當初激動到想立刻去做的事！」

當我意識到這一點時，心裡一陣驚恐。

我竟然忘了「自己想做什麼」這麼重要的事。這簡直就像失去自我一樣讓人恐懼。

從那之後，我只要一想到想做的事，就會馬上寫下來。

如果是在上課中，就記在筆記本的角落；如果是在考試，就寫在答案紙的背後。想到的當下就立刻寫下來，然後撕下來放在口袋裡，回到家後再放進我自己做的「想做的事收納盒」裡。

大學時我最大的目標，就是「完成所有想做的事和筆記裡的事」。

首先，我準備了一本全新的筆記本，在封面上寫上「夢想清單」幾個大字。

接著，我把收納盒裡的小紙條依照「想去的地方」、「想要的東西」、「想見的人」等不同內容一一分類，將小紙條黏貼在筆記本上。然後將各個類別裡的小紙條依照「想做的順序」排序，由上到下依序付諸行動。

整理完「夢想清單」，經過冷靜審視之後，突然可以很清楚看見「自我的重心」。

這份發自內心的「夢想清單」，代表的就是我自己。

我在乎什麼？對什麼感興趣？

什麼事可以讓我雀躍期待？什麼事可以讓我自在放鬆？

這份清單讓我得以從客觀的角度，看見原本模糊不清的「自己的根源=根本」，終於得到肯定的答案。

從那之後，我每年都會透過回頭重新檢視這份夢想清單找回自己的方向，忠實地活出自我。

有些學生整日埋首於無謂的「待辦清單」中，因此迷失了人生的方向。

另一方面，也有上班族在繁重的工作中，仍然堅持保有自己的時間，享受著以自我重心為主的人生。

這類極端的例子看多了，就會深刻體認到**「時間」這種東西，光是決定優先順序的方法不同，就能產生從零到無限大等天壤之別的效果**。

每天生活在緊張忙碌中，等到回過神來，大半歲月已經過去，人生已然來到終點。

「待辦清單」是來自外在的東西，只會不斷增加。

但是「夢想清單」只會發自自己的內心。

先將「待辦清單」擱在一旁，**現在就立刻著手寫下你的「夢想清單」吧。因為這麼一來你就會知道，「待辦清單」不過只是實現「夢想清單」的手段，並不是人生的目標。**

聽從「打從心底想做的事」去生活，從你的眼神和表情，肯定會散發屬於你自己的光采。用這種方法和自我內在結合，重新活出自我，每個人都可以活出耀眼而充滿魅力的人生。

人生只有一次。而且壽命有限。
對人來說，時間就是生命。

是要將生命貢獻給「待辦清單」呢？
還是要把生命賭在「夢想清單」上？

就看你自己的選擇了。

Chapter 08

逃避沒關係

「工作好痛苦」。每個人都這麼想過吧。

我自己剛踏入社會的那段時間，一直都有這種念頭。那時候把我從這種想法當中拯救出來的，是「逃避」。

說到逃避，有些人或許會認為那是消極的作法。

不過，當初支撐我走過那段痛苦時期的，是「正面性的逃避」。「大不了明天就遞辭呈」。當時只要覺得痛苦難熬，我都會這麼告訴自己。

就算感到挫折、幾乎快要放棄的時候，只要對自己這麼說，心情就會放鬆許多。

剛進 SONY 的第一年，我負責的工作是在札幌營業處擔任零售店業務，主要工作內容是

向當地唱片行推銷公司的唱片和影像商品。

當時的 SONY 平均一個月會推出將近兩百張的新專輯，為了推銷這些新專輯，業務員每天都要跑好幾家唱片行。

公司通常也會指定主力商品要求業務加強推銷。

然而，我卻只會認真推銷自己覺得好的歌手和作品。公司當然不會容許我這樣的新進員工。

我屢屢遭受主管的責罵，質疑我為什麼不聽從公司的指令。甚至被前輩重擊下巴，導致無法咀嚼硬物。從那之後，我開始遭受到陰險的欺凌對待。

即便是這樣，我依然堅持我的態度。不是因為我相信「自己沒有錯」，我只是單純「無法改變」罷了。

對於打從心底不認同的商品，我沒有辦法因為公司的命令就告訴客戶「這張一定會賣，你一定要進貨」。

就算努力硬逼自己這麼說，也會被對方識破。

只要對方質疑：「你其實根本不覺得這張會賣吧？」我就會開始眼神閃爍，一不小心便說溜嘴：「呃，對啊，是因為公司要求……」

這種必須欺騙自己和他人的工作，對心智軟弱的我造成了壓力。我開始莫名咳嗽，遲遲無法痊癒，甚至罹患輕度的失聲症。

不管是誠實去做或說謊，一樣都很痛苦，而且也做不出成果來。最後，我只剩消去法之後的選擇：「既然這樣，我只好誠實面對自己的心。」

不過其實還有另一個原因。

我早在大學就已經考取英語教師的資格，夢想著有一天要移居紐西蘭。所以，當時我很認真地考慮：「大不了去當老師，或是移民算了。」

現在想想當然沒有那麼簡單就能辦到，不過對於當時的我來說，能不能實現根本不重要，因為我只是在**藉由「正面性的內心逃避」來避免自己徹底崩潰**罷了。

除此之外，我還有另一個逃避的方法，就是埋頭於自己最喜歡的飛蠅釣，躲進大自然的懷抱。

在札幌工作的那段期間，我一共搬了三次家，每一次租屋都是挑選距離可以盡情釣魚的美麗湖泊「支笏湖、本栖湖、蘆之湖」車程一個小時以內的房子。由於往來方便，即便工作再怎麼忙碌，隨時都能前往，使我可以逃過精神崩潰的命運。

不僅如此，和湖邊經常碰面的人聊天，例如「昨天我在那邊釣到魚唷～」「最近這個毛鉤很厲害唷」等，這些與工作無關的閒聊，意外地讓我得以重振精神。

而我也在不知不覺間透過飛蠅釣，融入釣魚愛好者的小型社群當中。

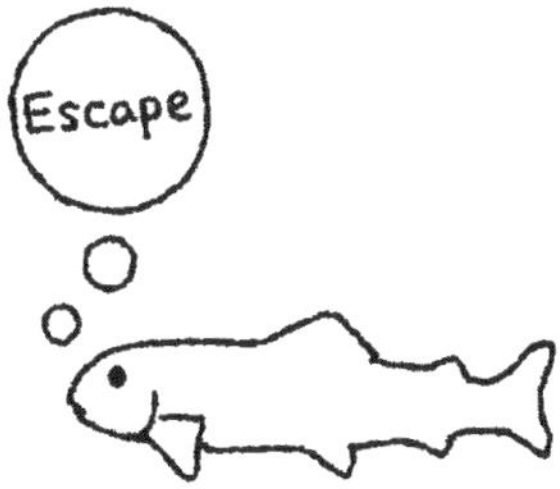

上班族調職是常有的事，在新的環境下，很多時候都是沒有朋友的。

於是，生活的大半時間都會耗在公司和工作上，人際關係也僅限於公司員工和客戶，全都是和工作相關的人。

漸漸地，抒發工作壓力的管道就只剩下和這些人喝酒聊天、抱怨心中的不滿。但是，這些抱怨的對話既沒有生產力，也沒有創造力，完全就只是浪費時間而已。

當然，這絕對不能算是「正面性的逃避行為」。

這種作法不但無法從根本排解壓力，伴隨的熬夜酗酒還會傷身，甚至可能引發精神方面的疾病。

跑了兩年業務之後，後來我又做了兩年的「媒體宣傳」兼「製作助理」，以及一年左右的星探，最後以唱片製作人的身分獨立作業了約十年。

之所以能夠在競爭激烈的唱片圈工作長達十五年，最大原因就是我擁有許多正面性的逃避這種心靈層面的保護網。

這些正面性的逃避讓我無論面對公司和客戶再怎麼無理的壓迫，只要心裡無法認同的事，我都能勇敢說「不」，絕不「出賣靈魂」。

這種態度理所當然讓我不斷遭受否定，在當上製作人一段時間、創下接連好幾張暢銷專輯的紀錄之前，我在公司裡仍經常受到批評、摩擦不斷。

但是。**從當初進入公司的那一天起，面對工作我從來沒有任何一絲鬆懈，在第一線始終秉持著自己小小的堅持，即便不被大家理解和肯定，我也從不妥協。**現在我敢說，就是這種態度，造就我後來在製作人的工作上能夠交出如此輝煌的成績。

大部分的員工都因為害怕「評價變差」、「被減薪」、「被調職」甚至是「被開除」，或是「沒辦法，為了討口飯吃……」這種似是而非的理由，所以面對過分無理的命令也毫不抵抗，輕易地就違背自己的信念。

即便是會傷害自然環境和他人等偏離正道的工作，也會說服自己接受去做。

不是我擁有強健的心智，或是對自己有堅定的信心，所以才能拒絕不合理的壓迫。

我只是對欺騙自己內心的行為本身感到無比痛苦和壓力，所以單純地選擇不那麼做罷了。

除此之外，**在社會這個狹小的世界，以及業界封閉性的人際關係上，我總是確保自己和外面的世界「可以透過喜愛的事物做連結，建立知心而自在的關係」**。這一點也多少有所幫助。

加上我為自己預留了好幾個前述提到的「逃避方法」，讓自己處在隨時都可以很認真地說出「那我不幹了」的狀態。

即便這樣，還是好幾次因為過勞和壓力將身體搞壞，甚至危及精神層面。

每當遇到困境時，最後總是可以在這些正面性的逃避之下，在最後一刻保護自己，逃過身心徹底崩潰的命運。

日本是全世界名列前茅的高壓社會。

要想在如此嚴峻的現代社會中生存下來，「正面性的逃避」不僅對上班族，對於學生和家庭主婦等任何角色的所有現代人而言，我想應該都是不可或缺的生存手段。

Chapter 09 放不下過去也沒關係

「創作者就是努力瞭解自己、追求自我的人。」

對於那些授課結束後跑來找我的大學生，以及由我擔任校長的線上學院「Lifestyle Design Camp」的夥伴們，我總是這麼告訴他們。

來向我尋求諮商的學生和線上社群的會員，很多都是不知所措或迷失自我的人。除了工作和生活上的煩惱以外，不少人甚至面臨更嚴重的問題，包括遭受嚴重霸凌或家暴，或是曾有過自殺的念頭等。

面對這些人，我總是先跟他們說：「你現在人在這裡，就表示你已經走過來了。」

因為，對照那些「想活卻活不下去的人」，還活著就已經很幸運了。而且在我認識的歌

手當中，幾乎每個人都經歷過痛苦的人生。

小時候或年輕時遭受的深刻創傷，才是造就「自我」的根源。包括我自己在內，每個人恐怕也都有這種「心靈創傷」，只是程度不同罷了。**受的傷愈多，就會激發出愈強烈的獨特性，而這就會變成自己的強項**。

這一點是絕對的，我敢保證。

所以我會告訴他們，不必當作這些傷害不存在或想掩蓋它，必須「先接受它」。因為接受就是「克服的第一步」。

我也建議他們要為自己找到前一節提到的「正面性的逃避方法」。這個世界絕對有屬於你的「最佳逃避方法」。

最後，我會要他們「找出深藏在自己內心獨一無二的『自我藝術特質』」。

並且透過人生不斷去思考探尋自己的「絕對個性」。

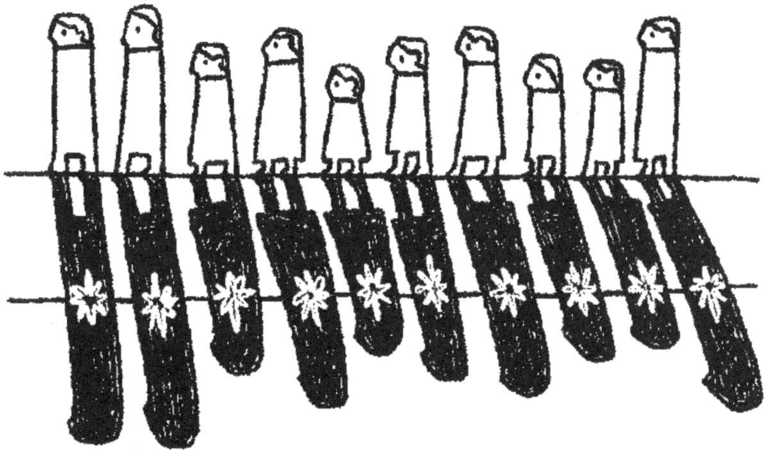

如果還是不知道該怎麼做，我會跟他們分享平時我協助歌手「發現自己真正創作特質」的一部分方法。

這個方法最重要的一點是務必要「單獨」進行。

為了避免不必要的打擾，過程中要關掉手機和電腦的網路連線，並取消所有的通知功能。換言之就是最好確保自己處於一個可以面對自我內心的「完完全全的一個人的時間＝創作家的時間」，在沒有干擾的狀態下進行。

首先回溯到人生最早的記憶，把從那個時候到現在為止的這段期間內，自己覺得「興奮」、「雀躍」、「熱中」、「開心」的事，一一從記憶中喚醒。

如果覺得自己「好像沒有這種記憶」或「不清楚」的人，可以試著回想到目前為止的人生中是否有「『應該算』喜歡」或「『曾經』想嘗試」的事。

這當中一定有你「喜歡的事」或「想做的事」才對，也就是「你自己的重心」。如果還是找不到，以下提供一個最後的方法。

各位可以**試著努力回想看看有沒有什麼「從小就特別在意的事」，或是「一直以來都覺得很自在的狀態」等這類隱藏在內心深處不起眼、微弱的感覺或情感**。

只要一想到就馬上寫下來，一一列成清單。

我將這種清單稱為「本質清單」。換言之就是幫助自己發現自我本質（根本）的清單。

在前面 Chapter 7 製作「夢想清單」時遇到困難的人，建議可以先從這一步著手。因為比起「夢想清單」，這份清單更接近你的本質和原點。

完成清單之後，透過客觀的檢視，你會發現吸引自己目光的關鍵字。把這個關鍵字放到網路進一步搜尋瞭解，如果發覺愈來愈感興趣，那就是你要找的「答案」。說不定那就是你的本質。

接下來要做的當然就是放手去嘗試了。也就是「付諸行動」。

例如詢問周遭有沒有瞭解的人，買相關書籍和雜誌來讀，到專業店家走走逛逛，找有概要的簡介手冊來看，參加相關演講或講座，採購必備的服裝和工具等。

重點在於「從有形的部分開始嘗試」。很多人會不贊同這一點，不過這才是最重要的一步。另外就是一開始盡可能從簡單的去做就好。

很多人會勉強自己一下子就挑戰高難度，導致心生畏懼或感到麻煩，結果連開始都沒有就放棄了。

各位有可能一開始就找到自己「絕對個性的原點」，也就是「最喜歡的事物」。也有可能經過不斷的嘗試，才終於找到「自我的原點」，也就是「想做的事」。

一旦找到自己的本質，隱藏在內心深處的「真正的創作性質」也會跟著覺醒。

這時候不需要他人的催促，自己就會主動持續去做。換言之就是身體啟動了「最強馬達」。

你不需要「毅力和幹勁」或是「競爭心和野心」這種像汽油一樣會傷害自我身心並危害周遭、很快就消耗殆盡的燃料。因為這是一種只要靠「永續性的自然動力」就能持續活動的最強環保馬達。

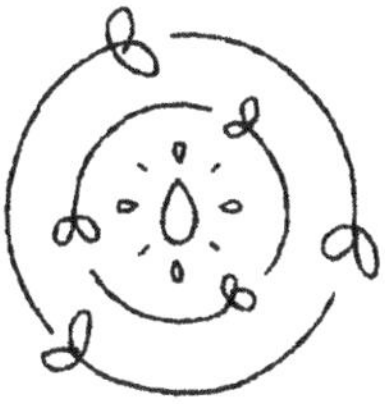

但不能因為這樣就加足馬力往前衝，也不能突然之間加速行動。要一小步一小步地慢慢走。

因為鼓足勇氣踏出小小的第一步，才是最厲害的。嘗試之後若感覺不對，就馬上停止，繼續嘗試下一項。

答案不會來自外界，永遠都存在於你的內在。就在深植於你一路走來的人生中的本質裡，在你的內心中。

如果可以瞭解這一點，你就能靠自己找回自我，以及你的人生。

Chapter 10 不必獨自努力

對我而言，**製作唱片就是「盡其所能地激發歌手的魅力，把他們真實的模樣傳達給更多人知道」**。在這裡，我想從「內在」和「外界」兩方面來說明我的方法。

所謂「內在」，是指深入歌手的內在，發現他們的魅力，並為他們建立一個可以做自己的環境。

「外界」指的則是協助歌手的音樂活動，擬定專屬的形象策略和宣傳戰術，讓更多人瞭解他們的魅力。

這時候有個絕對不能違背的原則。

那就是**一定要先從「內在」著手，接著才進行「外界」的行動**。

我認為在歌手對於「自己是誰」、「想做出什麼成績」、「真心想做什麼」等真實的自我和真正的想法都還沒有清楚瞭解之前，不應該進行任何對外的表演活動。

同樣的，身為製作人的我，如果在對歌手的本質尚未瞭解的情況下，就向外界介紹他們，這麼做是無法打動任何人的。

針對「內在」，我會透過「指導」（Mentoring）和「教練」（Coaching）等對談的方式和他們對話，讓敏感而容易受傷、抱著不安、總是缺乏自信的他們，建立自我認同感。

有時候則是刺激他們起伏不定的創作欲，或引導走出低潮，或是給予面對新挑戰躊躇不前的他們勇氣和鼓勵。

「內在」中最重要的風格，就是我在製作工作上的最大強項。這時候一定要做的是，和歌手建立人與人之間最基本的信任關係。

這部分最少一年，有時候需要兩到三年的時間。可以在出道前完成當然最好，但很多時候即使出道之後，短時間內還是會花時間在這個部分。

關於這個部分，我想公開我認為很重要、一直堅持的三個作法：

①在每一次和歌手面對面的場合及現場，一定要透過說話和態度，大膽、真誠地明確傳達我對他們的「喜愛」和「尊敬」。

②持續透過真心的愛慕表現，讓他們瞭解我並非單純只是唱片公司的代表，而是他們「真正的夥伴」。

③打從心底不斷地「肯定」、「盡力瞭解」他們，並用盡一切方法讓他們知道我的態度。

這些沒有什麼指南手冊，也沒有人教過我。

我只能說，這都是我透過無數次現場面對面和他們接觸對話，一點一滴慢慢體認學來的。

等到「內在」的階段結束，終於找到他們的魅力之後，接下來就是對「外」展現的階段了。

這個部分大致可以分為三個方向。

①「建立形象」：決定歌手活動與作品方向

將歌手的魅力轉化成具體的文字語言，決定往後幾年內都不會改變的絕對方針——

「信念」，作為歌手所有活動和作品創作的主軸。以此為基礎建立「形象」，並擬定可以精準表現並正確傳達的「長期策略」（最少二至三年，有時甚至會以五到十年為一個階段）。

②「創作」：製作音樂與影像作品

音樂和影像製作分別由不同的創作者組成團隊，為歌手提供協助。在團隊合作、大家能夠一起發揮最強「創作力」的環境下，以①確立的「信念」為基礎進行製作工作。

③「宣傳行銷」：以不熟悉歌手和作品的人為對象

思考短期「策略」，讓①建立的歌手「形象」，以及②完成的「作品」，能夠傳達給目標族群。將策略轉換為具體的「媒體曝光、商業代言、公關活動、廣告、促銷」等行動，與公司內部人員共同合作，一一付諸執行。

當時的音樂圈以一般的作法來說，這三個部分都是由好幾個人共同來分工。

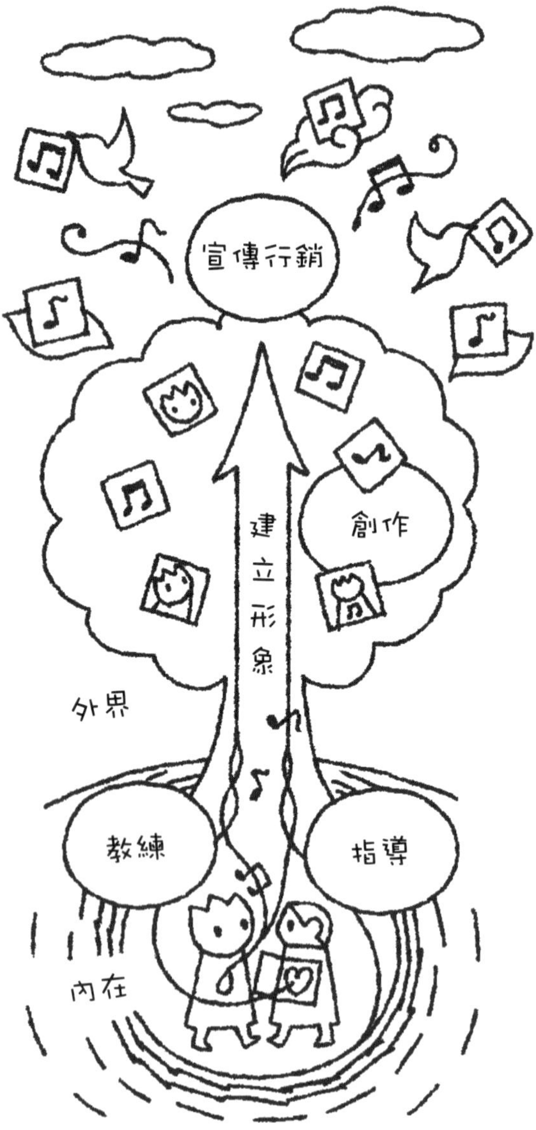

但是我的製作理論比較獨特，認為「由一人統籌才有一致性」，所以堅持由自己擔任總監的工作（近來這種作法已成為主流）。

各位應該會覺得「音樂創作人身邊有製作人幫忙，真好」。事實上，這並不僅限於音樂圈。

大家或許已經發現，在你的人生中，也是同樣的情況。

其實各位的身邊也都有製作人。

各位在嘗試 Chapter 9 的方法的過程中，如果想不到自己喜歡什麼、想做什麼，可以試試問問「朋友、父母、老師、親戚、情人、夥伴」等這些身邊的「製作人」。

只不過，你必須能夠判斷誰才是你的「真正夥伴＝真正的製作人」。因為如果聽從「偽裝成夥伴的人＝假製作人」給你的不必要的建議，只會讓你更加混亂。

判斷的方法其實就隱藏在前述的「三個方法」中。你要尋求意見的對象，必須符合以下兩點：

①打從心底真心愛你（主觀性）

②認同你，真心想瞭解你（客觀性）

有一點要注意的是，乍看之下父母似乎符合這兩點。不過很遺憾的是，其實在日本，很多父母都不符合第②點。

「我是為你著想才這麼說，你要聽才對。」這話聽起來好像沒錯，但事實上並不對。所以很可惜的，父母只符合了第①點而已。

就算愛你，但是如果不瞭解你，任何建議都會變成「強迫」。這類的建言根本沒有幫助，而且還會讓你對自己更迷失，非常危險。

接下來我要教各位在面對自己的真正的製作人時派得上用場的「神奇說法」，那就是別說「我有事想問你」，而是要說「請幫忙協助打造我」。

說完之後緊接著馬上問對方：

「你覺得我最耀眼的時候是什麼時候？在做什麼？說到關於哪方面的事？」

有時候你會得到具體的答案，例如「選搭衣服的時候」、「聊到關於料理的時候」。但

很多時候，你會得到像是「喝咖啡的時候看起來最有自信」、「坐在草地上的時候看起來很幸福的樣子」這種含糊不清的答案。在這些不起眼的回答當中，就隱藏著重要的提示。

接下來你要問的是：

「你覺得什麼事只有我才辦得到？你希望我完成什麼？」

對方應該從來沒有被人這麼問過。這時候千萬不要因為對方的困惑和沉默就放棄，要眼神直視著對方，靜待他說出答案為止。

還有一點很重要的是，一開始要拜託對方「請幫忙協助打造我」的時候，一定要「先跟對方約好時間」。這時候有兩個重點：

一是「提前一個星期之前」先約好，另一點是請對方「預留兩個小時的時間」給你。

無論是每天見面的父母，或是一週碰面好幾次的親友，如果只是趁著剛好在一起的時候「順便」問起上述的問題，這麼做毫無意義。

經常見面的人，某天突然一臉認真地說「我想改天跟你約兩個小時的時間聊聊」，到了當天還態度真誠地要求「請幫忙協助打造我」，這都會讓對方有某種「認真」的感覺。

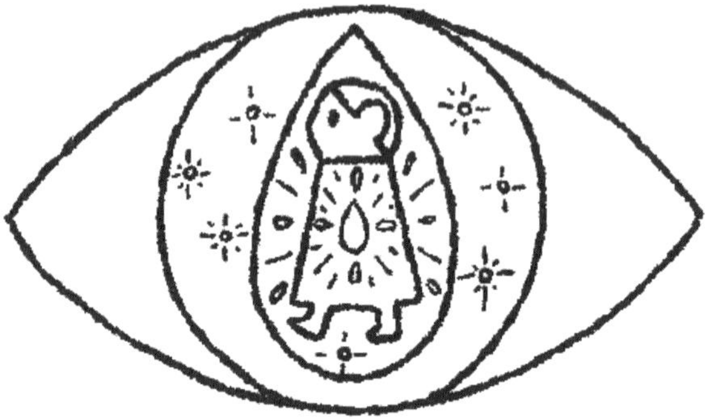

從此之後，對方會改用「客觀的態度＝製作人的角度」來看待你。也就是說，現在對方已經可以從「瞭解」的層面去看懂之前在你身上感受到的那些說不出感覺的事，並轉化成語言告訴你。

這也會讓你更加瞭解自己。當對方對你的「瞭解」更進一步時，對你的「愛」也會隨之加深。這實在很奇妙。

「活出自我的人生」，絕對不可能來自於「和大家比這麼做比較好」、「現在大家比較重視這個」這種「和外界的比較」或「市場調查的結果」之類的基礎。

即便是大家覺得你很「擅長」的事，只要你自己不覺得「喜歡」和「開心」，那就不是你要找的答案。原因很簡單，因為你的「最強馬達」並沒有啟動。

相反的，有時候會是你的製作人告訴你「你做〇〇的時候看起來很開心」，你這才發現自己的「喜歡」（這一點大家應該都有經驗）。

當你開心做某件事的神情模樣，從製作人的眼中看起來也散發著耀眼光輝，那麼肯定沒錯就是你要找的答案了。

透過活出自我，你的人生才會正式啟動。

所以，**我希望各位都能找到一定存在你身邊的那位真正的製作人。只要找到那個「真正的夥伴」，和他一起探索你內在的宇宙，就能找到你要的答案。這時候的你，已經不再是一個人了。**

說到這裡，你一定也發現到自己同樣可以成為身邊某個人的真正的製作人，重新喚醒對方「真正的創作特質」。

既然好不容易來到這個世界，誰都想成為活出光采的創作家。這才是我想賭上人生去成就的目標。

每個人都是創作家，也都是某個人的製作人。

為了實現這樣的美好世界，請各位務必也要一起來幫忙。

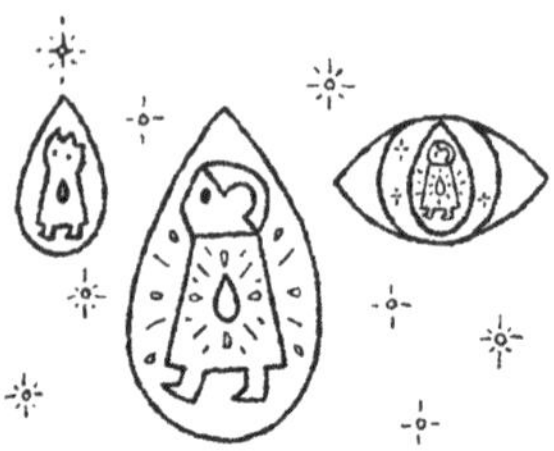

第3章

朋友

Chapter 11 不需要交朋友

我在三十五歲之前，一直很害怕與人來往。由於小學和剛踏入社會時兩次被霸凌的經驗，讓我非常痛惡人群，養成無法對人敞開心房的個性。

要找到真正的朋友，只能用自己的方式真心地不斷去尋找，而不是違背自我去迎合他人，或是阿諛奉承、拍人馬屁。就算一開始被冷默對待，但只要全心全意堅持一件事，漸漸地身邊的人都會感受到你的熱情。

讓我領悟這個道理的，是一群來自波多黎各的朋友。我是他們認識的第一個日本人。

那是在我高三的時候發生的事。當時，我以學英文這「表面上的說法」為由，不顧父親（正確）的反對，毅然決然出國留學一年。

一開始我住在美國中西部伊利諾州的鄉下小鎮。

開始期盼已久的留學生活，然而，當地的氛圍卻讓我覺得自己格格不入。那是個富裕的

地區，每年都有留學生來到這裡，居民們的態度都非常友善，只不過我一直覺得自己被當成了客人對待。

不管做什麼大家都會誇獎你，英文說得再破，大家也都「沒關係、沒關係」地體諒不計較。這反而讓人覺得不舒服。

後來，我搬到同樣位於伊利諾州的大都市芝加哥的市中心。

當地緊鄰貧民區，聚集了許多來自中南美洲的人，包括波多黎各、墨西哥、多明尼加等美國的少數民族。

我就讀的學校是公認芝加哥第二危險的學校。

由於當地治安不好，所以學校戒備森嚴，四周都圍起高三至四公尺的圍欄，防止外人進人校園。校園內經常有買賣毒品的壞學生打架鬧事，所以每天都有真槍實彈的員警來到學校巡邏兩次。

然而，這所高中卻讓我感覺非常自在。

因為完全沒有人因為我是留學生而對我有不同的對待。

只要英文說錯，很自然地立刻會被大家取笑：「你說什麼？聽不懂啦！」或是被壞學生找麻煩、櫃子被破壞撬開等。

別說是把我當客人了，根本就是粗暴對待。

一般人或許會覺得至少表面上要受到親切對待，不過對我而言，平等對待、不對就明白地說不對，這樣反而比較自在。

除此之外，事實上我想出國留學還有另外一個「背後的真正目的」。

之前我因為和學長大吵一架，憤而退出球隊，導致無法再繼續最愛的棒球。

令人難過的是，日本的高中一旦退出社團，就再也無法接觸到該項運動。

所以我想藉由出國留學，再一次挑戰棒球。

搬到芝加哥之後，我立刻報名球隊的入社測驗，希望能夠進入學校的棒球社。後來我果然順利通過測驗。

然而，一進入球隊，我卻完全被排擠在外。

其他的球員全都來自波多黎各，別說是交朋友了，我完全無法打入大家，也沒有人會跟我講話。

但是，我比任何人來得認真，全心全力投入每一次的練習。幾個月之後的第一場比賽，我被選為先發球員，守備位置是一壘（一壘手），打擊順序是第六棒。

當這個結果一出爐時，隊上立刻傳出噓聲：「憑什麼是他！」不過總教練安撫了這些聲音，讓我依照安排上場比賽。那場第一場比賽，兩隊的投手表現都很精采，雙方一直維持「0：0」的激烈狀態。

接著，輪到我第三次上場打擊。我擊出一記直擊全壘打牆的安打！許多美國球員只要打出長打，都會習慣眼睛追著球跑，不會馬上全力往一壘衝刺。

但是當下，我落實了從小學一路打上來的「日本棒球」方式，馬上全力衝刺，繞過二壘，最後以撲壘攻上三壘！

我的臉上和嘴巴裡全是砂土，還聽得見後齒咬到砂子喀喀喀不舒服的聲音。

最後裁判判定我上壘成功。往隊上休息區一看，所有人歡欣鼓舞、興奮不已，真不愧是拉丁人。

接著下一棒也擊出安打，成功讓我順利跑回本壘得分。回到休息區，我受到隊友又是擊掌又是擁抱的熱烈包圍。後來，隊上的打線延續火力，最終拿下漂亮的勝利。

那場比賽以後，隊上大家都把我當兄弟看待，讓我幾乎忘了之前受到的惡劣對待。

隨著比賽不斷進行，大家也愈來愈信任我，把我當家人一樣。我不僅開心能夠再一次打棒球，也體會到在異國找到「真正朋友」的喜悅。

趁著這股氣勢，我們球隊一路通過預賽。到了正式比賽時同樣一路過關斬將，成為學校史上第一支打入準決賽的球隊。大家都稱呼我們為「奇蹟」，甚至就連報社也都來採訪。

終於到了重要的準決賽的日子。只要贏了這一場就能進入決賽，得到在大聯盟「芝加哥小熊隊」的主場「瑞格利球場」這夢幻球場比賽的門票。

但是在那一場比賽，我雖然好幾次在重要關鍵上場，卻一球也沒有擊中，斷送了所有得分的機會。

就算被指責害球隊輸球，我也無以反駁。

然而，比賽結束後，沒有人怪罪我，大家只是說「沒辦法啦！一起去狂吃一頓熱狗吧～」，迅速收拾東西就準備離開了。

我一個人站在球場上痛哭失聲。

「男生哭什麼哭！只不過是輸了而已，這樣很難看欸。」大家還是一樣刻薄地說話。

原本我也不知道自己為什麼流淚，不過那一刻我突然明白了。

「仔細想想，輸了這場球，我就再也無法跟大家一起打球了，因為下個球季我就要回日本了。這讓我很難過。」我忍不住脫口而出。

頓時間，大家都沉默了。

我驚訝抬頭一看，方才還在笑我的那些朋友，平時總是開朗的他們，全都呆站在原地，流下了眼淚。

那一幕，直至今日仍是我心中非常重要的一個回憶。

Chapter 12 夥伴只要有一個就好

很多人看我寫下這麼多暢銷專輯的紀錄，都以為我「打從一開始就為知名歌手製作專輯」。

這種想法，就和下意識地認為活躍於螢光幕前的歌手「一出道就很紅」是一樣的。

不過，大家一開始當然都是「默默無聞的個人」。經過不斷的努力，最後才變成各位在螢光幕和舞台上看到的模樣。

「這世上沒有天生的歌手這回事。」

不曉得為什麼，這理所當然的道理，就是有很多人會忘記，因此貶低自己，覺得自己「只是個普通人」、「一點也不特別」。

既然如此，我是怎麼做，才成為暢銷專輯製作人的呢？

故事得說回到我在 SONY 札幌營業處受盡排擠、只是個交不出成績的魯蛇員工的時候。

其實那時候，我有一個唯一僅有的夥伴，他是個年輕的業務工讀生。

他對我個人推薦的一部分專輯作品表示支持，只不過他負責的店家規模都不大，但就算是這樣，對我來說都是精神上的一大肯定。

他本身也會玩音樂，公司裡大家都稱讚他對音樂的敏銳度很好。這樣的人公開肯定「我覺得這個歌手不錯」，漸漸地大家的態度也都跟著轉變。

後來，公司宣傳部的前輩對我說「真拿你沒轍」，開始主動幫忙宣傳我推薦的歌曲。

就連我負責的唱片行，也出現同樣的情況。

在我不斷努力推銷自己認為不錯的歌手和專輯之下，終於有一天，某家小唱片行的工讀生對我說：「我把它擺到稍微醒目的地方試試看。」

對於不擅長業務工作的我而言，他的存在就像一道微小的光芒一樣。原本每天早上起床，我都會躺在床上猶豫著「真不想上班……」「乾脆請病假算了……」，直到最後一刻才出門上班。

不過，後來只要想到「今天要去找那位店員」，我就可以提起小小的勇氣起床出門上班。之後，我每天都到那家唱片行走動，不知不覺地，店裡的所有人全部成了我的支持者。

甚至，後來那位工讀生還跟其他唱片行說：「四角先生推薦的專輯意外地不錯喔！」於是我的支持者開始慢慢擴展到其他唱片行。

進入公司的第三年，我被轉調到東京總公司擔任「媒體宣傳」兼「製作助理」的時候，也是一樣的情況。

無論是接觸的人或業務量都爆增，工作變得以前更痛苦，猛襲而來的壓力超過了負荷的極限。但雖然如此，支撐我走下去的，同樣是「某一位」支持我的夥伴。

後來仔細回想才發現，我總是在無意識間「尋求支持自己的夥伴」。

每當內心就快被嚴酷的工作擊潰時，只要和公司裡找到的貼心夥伴或工讀生，或是和租屋處的婆婆聊聊天，心情就會輕鬆不少。雖然經常有人跟我說「你老是和那些底下的人交朋友是要做什麼」，但是我認為會這麼想的人才真是差勁。

面對外部公司也是，我就像以前跑業務時的老實作法一樣，每天不斷跑去找我找到的「那個夥伴」。電視台裡一位，廣播電台裡一位，雜誌社裡一位，廣告代理商裡一位。

這些外部公司就像公司內部一樣，挑人只看對方「是否好相處」、「不用讓人擔心」、「單純有好感」，而不是一般來說「握有決定權的人」。

所以同樣的，支持我的人以「那個夥伴」為起點，慢慢地一個一個愈來愈多。

當上製作人開始獨立作業之後，我依然繼續使用「同樣手法」。

雖然其實我只是不擅交際，所以只能這麼做，不過隨著十幾年來一直用這種靠「僅此一位夥伴」打開交際圈的方法，不自覺間這已然成為我最大的武器。

我從來不把推銷歌手的媒體當成「一個組織」來看待，而是找到「裡頭的一個夥伴」，一股腦兒地不斷去拜訪對方。

關鍵就在於**我是下意識地以「人對人」這種再基本不過且理所當然的態度去面對，而不是「公司對公司」的立場**。

如今想想，或許我在直覺上已經知道，比起把事情當成「單純只是工作」去廣泛尋求更多人的協助，**找到願意真心認真看待的人，即便一開始只有一個人也好，彼此一起努力，事情會進行得更順利**。

當奇蹟發生時，已經是在好幾年後了。

好幾位我在各個地方找到的「那個人」，以及原本當時沒有任何權限的「夥伴」，都開始紛紛晉升為安排節目通告的負責人，或是握有決定權的職位。這一點讓我知道，有包容力、親切貼心（願意接納不擅交際的我）的人，一定可以往上爬。

只不過，當他們坐上那些位置之後，突然之間許多人也開始圍了過來。而我只是碰巧在這之前就和他們建立了信任關係。

也是因為他們，讓我在當製作人的後期，決意賭上自己剩餘的職業人生全心全力栽培的默默無聞的女歌手，最後能夠瞬間爆紅、成為巨星。

後來「夥伴只要有一個就好」的信念，漸漸成為我擅長的媒體操作中具核心作用的「專攻」策略。

不是大範圍地「打進那家廣播電台」，而是「打進週一到週五每天早上播放的那個帶狀節目」。而且目標不是其中「週三的固定單元」，而是「負責該單元的那位節目總監」。在推銷歌手的時候，我一定都會擬定像這樣細分到「最後那一人」的公關策略。

不只是工作，面對人生也是一樣。**你真正需要的不是「看似感情很要好的多數人」，而是可以真心信任的「一個人」**。這一點希望各位務必要謹記在心。

Chapter 13

偏心也沒關係

工作久了，難免會和許多人產生關係。只見過一次面的人。往來過好幾次的人。名片不斷地增加。

為了掌握如此龐大的人際關係，每次在啟動新歌手的宣傳推銷活動之前，我一定會製作一份「主攻清單」，上面是宣傳目標業界的所有關鍵人物的名字。

接著，我會把這些電視台、報社、雜誌社、網路媒體、廣播電台、廣告代理商等所有相關人員，在聽過我針對歌手準備的簡報之後所做出的回應，一字一句地包含態度全都詳細地記錄下來。

另外，包括節目和雜誌是否願意報導、用什麼方式報導等詳細內容和日期，也會全部一一輸入電腦 Excel 的表格清單中。

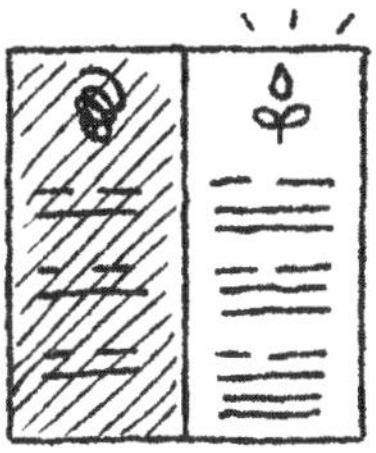

同事都說這是一份讓人害怕的「怨念清單」。但是其實我之所以要製作這樣的清單，背後有個很重要的原因。

那就是，因為我要區分歌手大賣前願意給我們曝光機會的人，以及什麼都沒有做的人。

面對一個完全默默無聞的新人，大多數的人都會拒絕。

舉例來說，就連我製作過的兩度創下百萬張銷售量的女歌手，還有數度登上暢銷排行榜的女搖滾歌手，也是同樣的命運。

剛開始在還沒有人認識她們的時候，在我的「簡報行腳」行程中做出肯定回應的人，連一成都不到。

不過，大家會如此慎重也不是沒有道理的。

因為，提供節目或雜誌版面、合作機會給毫無知名度的歌手，會伴隨著極大的風險。萬一這個歌手紅不起來，分配出去的版面和時間等於白白浪費，而且還會拖累節目收視率和雜誌銷售的「數字」。還有一點要先聲明的是，公司內部支持的人更是少得可憐。

不過另一方面，如果情況換成已經走紅的歌手，對方就沒有任何風險。歌手一旦爆紅，各種邀約就會紛紛接踵而來。

正因為如此，對於在歌手默默無聞時願意一同背負風險的人，和走紅之後不必承擔任何風險的狀態下共同合作的人，我認為不應該相提並論。

在這些願意在歌手默默無聞的時候提供曝光機會的人當中，甚至有人是抱著「雖然我不清楚這個歌手的優點，但我願意相信你」的信任，將賭注放在我身上、全力提供協助。

面對這些「恩人」，在歌手走紅之後，只要他們一句「有事想請你幫忙」，不管是再小的工作，我也會盡我所能地回報他們的恩情。

就算主管質疑「你接下這個工作，有意義嗎？」，我也會堅持偏心地去做。即便身邊的人都納悶「這麼做有什麼好處？」，不過對我而言，我只是在做「身為一個人該做的事」罷了。

相反的，無關「公司內外」，也有很多人是對歌手出道前的簡報毫不在乎、出言否定，走紅之後卻又突然靠過來「陪笑臉」。

就算對方的身分地位比我高、握有很大的權力，我當然也不會改變我的態度。

我在態度上一定會劃清界線，但絕對會笑臉應對，不讓情緒表露出來。在說話上也會不帶刺地盡量冷淡回應。

無論是再怎麼紅的巨星，一定都會好幾次面臨「低潮期」。**在這種時候，那些後來才跑來搭順風車的人，幾乎所有人都會再度回到之前冷淡的態度**。

相反的，**「恩人」不管知名度和銷售表現如何，都會持續給予支持**。

基於這些理由，「熱心有情的恩人」和「講求實際、無情的人」，當然應該明確區分。這就是我為什麼要製作「主攻清單」的原因。

我這種堅決使用「主攻清單」的態度，讓公司內部的同事和業界相關人員個個都心生畏懼，對我抱著某種程度的緊張感。

在面對我下一次做新人簡報時，他們就會知道「如果隨隨便便應對，這個人可是會記恨一輩子的，要小心才行……」，於是對我和歌手的作品都會認真以待。

換言之，這份「主攻清單」變成了守護歌手無可取代的「堡壘」。

偏心沒有什麼不對。

對於願意真心共同承擔風險的人，一定要堂堂正正地回報對方的恩情。

或許這話聽起來會像是古老時代的神話一樣，不過這就是所有事情都關乎上億日圓如此龐大金額的演藝圈的真實情況。

就算是利益優先、經濟至上主義盛行的現在，在人與人的關係中最值得重視的，從以前到現在一直都沒有什麼改變。

Chapter 14 不需要競爭對手

當同事交出漂亮的成績單，或是同業打出精采的一仗時，各位的感覺是什麼呢？

羨慕？懊悔？在背後說對方壞話？還是私底下偷偷努力？

這種時候，我通常會鼓起勇氣去向對方討教。

在當製作人的時候，只要看到覺得很棒的形象策略或行銷手法，無關公司內外，也不管對方年紀大小，我都會放低姿態向規劃這一切的人討教，單刀直入地請教對方實際操作的方法。

在音樂圈裡，會向其他製作人請教的人，幾乎沒有。就某種意義上來說，這麼做是犯了業界的禁忌。所以我可以說是個異類。

唱片公司的製作人雖然隸屬於公司，卻是各自獨立作業，就像個人商店一樣。大家都清楚彼此的成績，隨時都處於互相較勁的競爭關係。就算是公司內部的同事，但礙於競爭的關係，所以以潛規則來說，基本上都不會公開寶貴的情報。更別說是其他公司了。

但是，我從來不把周遭的其他製作人視為「競爭對手」看待。非但如此，我反而認為他們對我來說都是「導師」。

他們每個人都具備我所沒有的獨特的哲學思考和製作技巧。別說是競爭對手了，其實他們才是能帶給我深度收穫的最好的老師。

透過這種「直接登門請教」的戰略，我得到了一個真理，就是如果對方是超越一流的「真本事」的人，一定會很樂意分享一切。

隨著不斷讓向人請益的過程中，我還發現一件事：我們身邊的「學習對象」，其實比想像中來得多。而且，不需要將自己局限在單一個導師身上。

世上沒有人是完美無缺的，每個人都有自己的弱點和長處。所以，徹底崇拜「某一人」

是非常危險的事。

「這部分可以學習那個人」、「關於那方面，這個人的作法可以作為參考」。最好是像這樣到處收集每個人「可以作為範本的部分」，將這些改變成符合自我風格的作法並進一步內化。

事實上，我自己建立的獨特的製作方法，以及現在各個企劃中運用到的形象建立的知識，都是像這樣收集不同部分結合而成的。

只要有一個值得學習的地方，對方就是你最好的導師。

換言之，其實你身邊的每一個人，都有資格成為你的導師。

最後還有一點是，只要有人拿出勇氣來向我請教，我都會毫不吝惜地回答對方。

因為我覺得這是間接報答過去遇到的那些德高大器、超越一流的導師們最好的方法。

而且不可思議的是，我愈是不吝嗇地分享，就會遇到更多願意給我很棒的教導和情報的導師。

放手「某些東西」，一定會得到更大的「某些東西」。我深深感覺到比起人的計算，這個世上的運作原則其實是再簡單不過的原理。

你不需要競爭對手，也不需要完美的導師。

大家不妨可以從具備某種強烈吸引力或強項的「身邊的人」開始找起。答案通常就在你身邊。

以我的情況來說，請教的對象無關職業、性別和年齡。

從暢銷的前輩作家和一流企業的經營者，到默默無聞的高中生創業家和在我底下工作的實習學生，全都是我值得尊敬的導師。

無論是付費接受諮商，或是閱讀商管書籍，或是參加演講和講座都好，事實上從各位每天所處的環境中，就能得到許多學習。這就是我想傳達的重點。

Chapter 15

和朋友共事也沒關係

我到目前為止，曾經和最好的朋友一起共同合作過好幾個案子。

這些人和我彼此之間都擁有跨越競爭和工作界線的信任關係。

以前常聽人說，最好不要和「朋友」一起共事。

這應該是因為大家的印象都覺得和「親密要好」的朋友一起工作會出現工作品質降低、不遵守期限等情況的緣故吧。

不過，事實上並不是這樣的。

正因為是最好的朋友，所以態度上會更加嚴謹，認為自己不能半吊子心態。

正因為很清楚對方不是可以隨便矇混的人，而且彼此真心信任，所以可以完成高品質且規模龐大的工作。

在我製作人生涯的中期，曾經經手過一組男子二重唱的歌手。當時在一個礦泉水廣告的合作案中，我認識了一個男子，也就是擔任大型廣告代理商的文案企劃Ｓ。我們彼此都很欣賞對方，即便後來案子結束了，還一直保持聯絡。

漸漸地我們感情愈來愈好，最後彼此還以知心朋友相稱，一起共事了許多案子。其中有個案子讓我印象最深刻，時間就在我移居紐西蘭前一年。

我們認識的時候彼此都是三十歲左右，當時我正初嘗捧紅歌手的滋味，成為受人注目的暢銷製作人。Ｓ則是以文案撰寫的身分成為頂尖企劃的一員。

之後好幾年的時間內，我們共同合作了許多案子，互相拉拔、幫助對方。

過了三十五歲之後，我接連寫下許多暢銷紀錄，手上有了更多的決定權。Ｓ也數度獲得國際廣告大獎，成為許多大型企劃案的成功推手，最後終於成為整個廣告活動的總監。

擁有這般成就的他，曾經主動找我一起合作過去最大的企劃案——某大型企業的大型廣告文案。

當然，我也答應將手上負責當紅女歌手最受歡迎的代表作，作為他手上廣告的主題曲。

他的那支廣告，可是當年規模最大的企劃。
只要我們決定要做，彼此就會拿出「最好的表現」，達到最完美的異業合作。
不過實際上，事情並非只有我們兩個就能進行那麼簡單。
我們分別都處於公司內外合計數百人的大型團隊中的主導地位。在某些和我們沒有直接關係的地方，多數的人面對的是錯綜複雜的限制和阻礙。因此，關於重要的決定，我們都必須抱著謹慎的態度，並且經過無數次的過程。
由於這個原因，有時候我會在事情進行到一半時向他道歉：「雖然我答應過你，不過我現在可能不得不改變態度了⋯⋯」他也曾經難過地對我說：「和我們當初說好的不一樣，我可能不能用你的曲子了。」
我們也好幾次面臨事情進行不下去的狀況。由於企劃規模過於龐大，無數的高牆矗立在我們面前，阻礙了去路。
即便如此，只要我們彼此都全力以赴，相信一定可以做出成果，這股想和最在乎的朋友共同成就最完美的工作的決心，就會成為推動我們的一大助力。

而且，由於這關係到我移居紐西蘭之前的最後一項重要企劃，所以我們彼此都告訴自己無論遭遇任何困難，決定不能放棄。

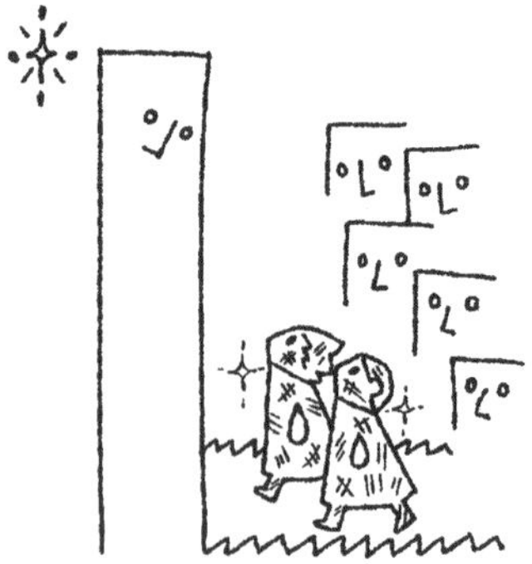

後來，經過約一年的時間，歷經了幾乎讓人抓狂的波折，最後，我們終於完成了。

過程中我們針對彼此的作品和創意所做的批評，是前所未有的嚴厲。也出現過激烈討論。不過，**正因為我們是最好的朋友，都瞭解對方認真的態度，知道這些意見上的碰撞摩擦都是為了使作品更臻完美，所以完全沒有因此產生嫌隙**。

更重要的是，經過一直以來好幾次合作的「磨合」，無論是在業界或人生，我們都能彼此互相切磋琢磨，往更上一層樓前進。

很多人都說「出了社會以後就有利害關係，根本交不到真正的朋友」。

但我卻是出了社會之後，才結交到包括S在內的好幾位超越單純朋友關係的「真心好友」。

能夠擁有最美好人際關係的，反而是踏入社會之後。

我之所以寫這段故事的原因，就是希望讓更多人明白這件最重要的事。

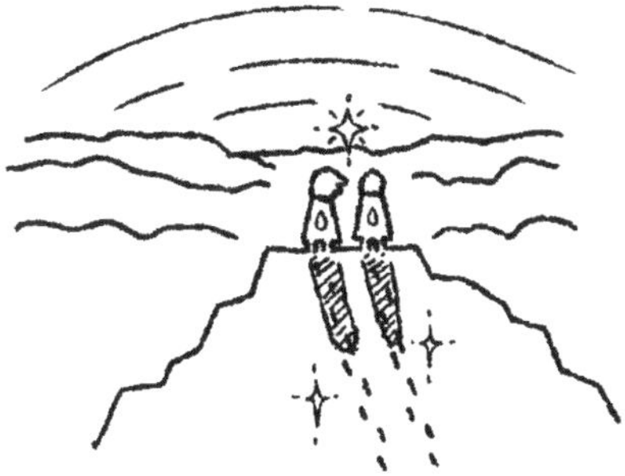

Chapter
16
從空想開始就好

將某人當成自己的「最初的夥伴」，對人生會有很大的改變。

多虧了上一節提到的任職於廣告代理商的S，讓我能夠在工作上交出漂亮的成績單。自從和他在工作的第一線合作無間以來，只要我們其中有人想到好點子，第一個就是找對方分享、討論。經過這樣的往來，漸漸地我們成了最親密的朋友。

只要想法能夠得到對方的肯定和鼓勵，就會讓人感覺充滿自信。再加上對方的建議，原本的點子便能頓時提升為具體的企劃。除了在個性上合得來之外，更重要的是我們雖然分處於音樂和廣告兩個不同的業界，做的卻都是「創作並傳達給更多人」的工作，所以可以結合彼此的具體想法。

移居紐西蘭前兩年，有一天，他向我提到一個幾乎可以說是妄想的偉大構想。我到現在還記得那天的情況。

我們在公司附近的地下咖啡館聊天，他突然冒出一句：「我想到一個讓所有女性變得更漂亮的企劃，要不要一起來？」

「好啊！」我當場答應。當然我根本毫無根據。

我們經常像這樣以幾乎讓人傻眼的熱情彼此分享自己想做的事。

在那之後，我們一起付出汗水和淚水，經過衝突與合作的過程，最後終於透過大量曝光的電視廣告，以及全國性的廣告出租，將我們的想法傳遞到全國各地。

當時幾乎可以說「沒有人沒看過那支廣告、沒聽過那首歌」。

更厲害的是，廣告後來甚至傳遞到全亞洲各地。

那是我人生中經歷過最大型、最完美的一次合作。

但是企劃的最初，不過只是他自己一個近乎妄想的念頭。

他把這個念頭，第一個就和自己的「最初的夥伴」——我分享。那一刻，也就是我們邁向那偉大雙人合作的第一步。

在這裡還有另一點要和各位分享。

再怎麼厲害的企劃，一定都是從「一個人的念頭」開始的。

假使沒有把念頭說出來，實現的可能性當然就等於「零」。

最終不過就只是個單純的念頭罷了。

不過，如果把念頭「說給某個人聽」，實現的可能性別說是好幾倍了，甚至會變成數十倍、數百倍。

一開始就投入時間和金錢，寫出完美的企劃書，一口氣向許多人做簡報，在短時間內找到最多的夥伴。這種事不過只是幻想。

「第一個跟誰分享」才是最重要的關鍵。

這種**個人最初的念頭，要不就是近似妄想，要不就是過於草率、欠缺周到。但是，這種「空想的能力」，才是人的獨創性的來源，是激發無限可能的寶庫**。正因為如此，難以實現也是當然的。

不過，若是第一個分享的人是「對於自己沒有經歷過，以及無法想像的事一概否定」的「夢想的殺手」，念頭只會當場被否定扼殺。

這種人根本無法理解「人的獨創性的精采之處」。日本就有很多這種夢想的殺手，一定要格外小心。

第一個分享的，一定要是認定是真正「夥伴」的人。

只要得到「夥伴」的支持，就能得到「說不定可行」的正面勇氣。倘若對方願意一起嘗試，更是猶如得到眾人之力般打了一劑強心針。

一個人的念頭，只要再加上「另一個人」的智慧和協助，就能轉化成「具體的企劃」，而不再只是個「單純的空想」。

接下來，原本的空想會隨著你自己和夥伴，繼續傳遞給其他「一個人」接著「一個人」，一個一個地不斷擴散。

決定你是否能成就偉大成果的關鍵，就在於你能否找到正確的「那個夥伴」，第一個和他分享。

事實上，我經手過的每一個後來走紅的歌手，在正式出道前都曾經受到公司內部的強烈反對。同樣的，我後來實現的移居紐西蘭的想法，以及不受空間限制的工作方式，一開始也遭受到強烈的批評，大家都認為那絕對不可能實現。

這些起初雖然都只是我腦海中的「空想」和「妄想」，不過，確實還是有一開始就願意支持我的人存在。對於這些人，我至今仍感激在心。

第4章

共創

Chapter 17 保持變形也沒關係

電視上的巨星都擁有完美的歌聲和表現。

各位是否曾覺得他們簡直「完美無缺」呢？

確實，這些人都擁有以音樂感動人心、「只要他們才辦得到的能力」。只不過，他們絕對不是萬能的，甚至除了音樂以外，其實他們比我們有更多不足的地方。

既然是這樣，為什麼他們可以散發耀眼的光芒呢？那是因為他們都是徹底「變形」的人。

他們很清楚自己「辦得到」和「辦不到」的事，並且用接受事實的態度去面對人生。

不僅如此，他們坦然地揭露自己的弱點讓身邊的人知道，尋求可以補足自己的人。

歌手的製作團隊通常是由許多人組成，由製作人負責尋找能夠彌補歌手不足的成員或作詞作曲家來組成團隊。也就是說，這是個徹底「分工」的制度。

由無法融入社會而繭居在家、從小看了上千部電影的影像創作者來創作音樂錄影帶。

一直很喜歡流行時尚、討厭念書、高中肄業成為造型師的前街頭混混，負責決定歌手的服裝造型。

不會唱歌也不會跳舞，連樂器都不會的製作人我，則是專心為歌手打造最好的創作環境，將作品傳達給更多人。

至於為音樂賭上人生的歌手，只要負責創作出動人的歌曲就好。

將這些各自都有擅長與不擅長的「變形的人」集結成團隊，讓每個人只管專心在自己擅長的部分。

藉由這樣，使歌手可以專注在他們「最厲害」的音樂上，提升表現，綻開驚人的光采。

而且無庸置疑的，其他人也都會發揮最好的實力。

就我所知，能夠長期坐擁成功的歌手，企劃團隊都是屬於這種「集結了各種變形的人的徹底分工作」型態。

下回假使再看到散發著宛如萬能上帝般光彩的歌手，請記得用「他只是在團隊的協助下淬鍊出個人特長的人」的角度去看待，不要天真地以為對方是「特立非凡的天才」。

此外，我也希望各位一定要用同樣的態度去重新看待自己的「變形」。

先**瞭解自己的擅長和不擅長，勇敢接受它**。

不必試圖強化自己不擅長的部分，只需專注在擅長的事情上。

同時，無所畏懼地公開坦承「我擅長～，不擅長～」。

這麼一來，一定會出現可以彌補你的弱點的人。換言之，如果沒有對外公開，你永遠不會遇見可以彌補你的夥伴。

每個人一開始都是像一片一片有著凹凸外形的拼圖。

凹凸面被修整過的圓形，不僅無法連接其他拼圖，也沒有辦法填補任何間隙。換言之，拼圖是未完成的狀態。每個人都需要有凹凸兩面，這世上沒有外形完全相同的個體。

正因為如此，所以才能彼此結合互補，最後完成一幅美麗壯觀的拼圖。

我相信這才是大家應該去達成的理想狀態，所以我一直以這種態度來面對工作。

人生就是花一輩子的時間去雕磨自己特有的「與生俱來的變形＝深藏在你內在的創作特質」。不要在意大家的眼光和多數人的共同意見，一定要用生命去守護這「美麗的變形」。

Chapter 18

為工作起爭執也沒關係

我對歌手一直都是真心喜愛，用認真的態度為他們製作專輯。連帶地對他們的感情也愈來愈深。

栽培一個歌手能不能成功，關鍵在於和歌手的關係如何。特別是身為製作人最重要的任務之一「創作」——能否藉由「音樂及影像製作」做出好的作品，完全仰賴製作人和歌手之間的信任關係。

和喜歡的歌手一起創作歌曲、製作專輯封面、拍攝音樂錄影帶等，是非常美好且令人興奮的事。長時間與歌手在錄音室這神聖的地方，在一次又一次的創意激盪之下，彼此的感受力變得更加一致，建立起更深厚的關係。

在之前做不出暢銷專輯的失敗年代，我總是只把心力擺在「創作」上，認為「只要讓歌手在自在的狀態下錄出好歌，我的任務就結束了」。不管前面 Chapter 10 提過的，「傳達」其實佔了這份工作的大半以上。

舉例來說，大家都知道就連巨星披頭四，也是由製作人先擬定出縝密非凡的計畫，再一步一步確實地去執行達成。他們之所以能夠走紅，一般認為布萊恩‧愛普斯坦（Brian Epstein，披頭四樂團經紀人）的功勞非常大。他以整齊體面的「香菇頭搭配西裝」的造型，為披頭四建立了有別於當時搖滾樂團的獨特形象，並且在電視上徹底保持形象。

首先要客觀分析歌手的魅力，建立「形象」，接著再擬定長期策略，將歌手形象精準地傳遞給觀眾（＝建立形象）。

這個長期策略包含了每一次的作品都要鎖定特定的目標族群，設定短期戰術，透過所有「媒體曝光、商業代言、公關、廣告、促銷」等管道精準傳遞（宣傳行銷）。

另外，接著是安排細部的行程，將策略轉化為「計畫表」，以便付諸實行。將計畫表告知由數十人組成的「製作團隊」，由製作人主動帶頭行動，毫無遺漏地掌控每一個工作現場。

整個企劃進行的時間大約是三個月至一年半的時間，由公司內外共同組成的製作團隊，總人數則是多達數十人至上百人的規模。

這些極度艱鉅、卻非常重要的「宣傳行銷」的工作，當時的我完全沒有做到。

歌手一旦正式出道，就會在各大媒體曝光，成為公眾人物。最糟糕的就是發了一張專輯就沒有下文，或是添加了太多「不必要的裝飾」，在媒體上大肆曝光，以「不像歌手本身的形象」勉強只紅了一首歌曲。因為留給大家的印象就只有「那個不紅的人」和「一片歌手」。

只要一個地方做錯，都可能大大地改變歌手的人生。也就是說，製作人身上背負著相當重大的責任。

過去在為某個擁有厲害歌唱實力的男歌手製作專輯時，我完全沒有辦法讓銷售成績有起色。原因只有一點。

那就是我和那位歌手關係太好了。

我們簡直就像「朋友」一樣，我過於尊重他的感受，導致無法做到身為製作人應該告知、應該做的事。

結果就是無法激發出他內在的「真正的才能」。

他是個創作歌手，本身也會作詞作曲，更別說他的歌聲完美無缺。但是，他卻始終寫不出有「才華」的暢銷歌曲。

很多人都建議我「先別管作曲了，應該藉由專業詞曲創作人寫的那些動人好記的歌曲，先以歌聲決勝負才對」。

其實我心裡也知道應該這麼做。不過，由於歌手本身很想唱自己的歌，所以我選擇繼續漠視身邊的意見。

然而，最後還是無法成功，我只能不甘心地被換下來。

在那之後，我還是一樣以朋友的身分經常和他見面，聽他抱怨新的製作人。對於「老是和製作人意見衝突」的他，我感到相當同情。

但是過了沒多久，他唱了一首由他人作詞作曲的歌曲，竟然創出八十萬張的暢銷紀錄。之前我擔任製作人時連三千張都賣不出去，對比之下可以說是出乎意料的一大成功。

「成功了！」我在心底為他喝采。雖然不是我的成績，卻有種自己受到世人肯定的感覺。過去擔任他的製作人時，面對拚命不斷推銷他的我，很多人都對我說「你為了他還真拚呢」、「你是瘋了嗎？」。

當初之所以失敗的原因，是因為過於同理心而喪失客觀性的我，做出了錯誤的簡報推銷。但除此之外，當時太過執著而失去冷靜的我，一旦他被拒絕，我就會覺得自己被全盤否定。

後來我一直為他製作出暢銷歌曲，導致我自信全失。對於這樣的我而言，後來他的成功讓我能夠重新肯定自己，知道「一直相信他的才能的我，敏銳度是對的！」。

奇蹟似地走紅之後，他登上業界地位相當高的專業音樂雜誌的封面，並接受專訪，談到這一路走來的過程。

那時候，我在內心偷偷地期待，希望自己會以尚未走紅之前的一段插曲出現在內容中。像是「在那段艱辛的日子當中，當時的製作人是個能力和經驗很豐富的人」之類的。

然而，那篇專訪完全沒有提到我的名字。

相反的，文中有很長的篇幅都和過去經常出現在他的抱怨中的後來的那位製作人有關。

「一開始我不是很喜歡他，不過隨著不斷的衝突，我瞭解到正因為他比誰都認真為我的將來打算，所以才會對我說出那些嚴厲的話。所以我開始相信他，接受他提出每一個困難的想法。因為這樣，所以才有現在的我。」

讀到這裡，我大受打擊。

我一直以為自己的工作就是當他「單純的朋友」，陪在他身邊附和他。

但是，這麼做根本就不是為他好。

有了那次的經驗之後，我學會**只要是出自真心、瞭解對方的考量，即便是意見相左，也不會傷害到彼此的關係。**

如今，「作品要傳遞到人的內心才算完成」成了我的「創作哲學」。

Chapter 19

沒有領導能力也沒關係

要想成就精采的作品，有一點絕不能退讓。那就是團隊的每一個人都要做到一百分以上。

一流的創作者，無論在任何情況下，都能維持八十分的表現。不過所謂暢銷，必須要讓這些人發揮百分之百以上的能力，才有可能實現。所以最重要的是打造一個平等的團隊。

歌手的創作團隊主要包含以下成員：

- 打造歌手造型的造型師和髮型設計師
- 負責專輯封面的攝影師和平面設計師
- 製作音樂錄影帶的影像導演
- 錄音方面的音樂家和錄音工程師

- 提供詞曲創作的作詞作曲家，以及負責編曲的音樂製作人

這些人的任用都必須經過製作人和歌手的討論，最後由製作人決定。以這種方式組成製作團隊。

這時候，報酬的方式就變成「支付方（我）和收領方（各創作者）」，因此很容易造成受雇的團隊成員會看著製作人的臉色做事。若是想要求他們拿出一百分以上的「最大能力」，就**不能以由上對下的團隊領導方式進行支配、對他們做出詳細的指示。而是必須讓大家都能在團隊設定的前進方向下，自由地行動**。

老實說，我原本並不是個具備領導能力的人。

那個時候，我還有臉紅恐懼症，很害怕在團隊大家面前說話。這樣的我，之所以能夠當上團隊領導的角色，其實是有原因的。

在之前還是製作助理的時候，我參與過約十組的歌手企劃。過程雖然很辛苦，不過我也靠自己分析出成功案例與失敗案例的差異。

我發現，**成功的團隊通常會徹底做到兩點：「大家都能輕鬆地表達意見，彼此之間的意見溝通很順暢」、「所有行動都不違背基本的方針——信念」**。

後來在我當上製作人獨立作業、接下組成團隊的任務時，我告訴自己，至少「這兩點」一定要做到。

無論歌手和團隊成員大家擁有再厲害的能力，假使大家都在不瞭解「團隊信念」的狀態下就放手去做，最後一定不會成功。

所以我在召開第一次的全員大會之前，也就是企劃正式啟動之前，都會先和每個人各別進行長談，建立共同的「想法和遠景」。

我不擅長「一對多」的方式，沒有辦法藉由簡報一口氣感動一群人。即便是這樣，一對一對我來說也不是問題。**如果是不停來回在各個成員之間進行溝通、傳達「熱情和情報」的「潤滑劑」的角色，我想我可以勝任**。

過去在製作某一位搖滾女歌手的出道專輯時，我是這樣對團隊成員表達我的「想法」的：

「她的表現相當精采，對流行時尚也相當敏銳。雖然個子嬌小，個性內向又沒有自信，一直以來都是自己一個人躲在田裡練習唱歌，不過她還是不斷地努力，達到今天的表現。她將來一定會成為可以激勵全日本女性的歌手，所以你要不要和我一起來讓她成為掀起熱潮的歌手呢？」

我就是用這種幾乎糾纏的方式，一個一個和每位團員對談的。**我甚至敢說「這個企劃一定會改變你的人生」，讓大家對它感到「有別於過去工作的雀躍」，產生特殊的情感。**

這一切都是為了不要讓它變成「只是單純的工作」邀約。

就這樣，在第一次全員大會之前，所有人都建立了「共同的想法和遠景」，每個人都是在瞭解「自我任務」的前提下出席會議。後來在會議上，大家熱烈地交換彼此的具體意見，不需要任何指示，每個人就自動自發地開始動起來。

之後，我同樣繼續徹底扮演「潤滑劑」的角色，每一次和成員面談都會不斷地傳遞「團隊信念」。等到對方厭煩到說出「這話我都聽過快三次了」這種話，就是我要的目的，因為那就表示我已經完成「想法和遠景的洗腦工作」了。

一旦完成對所有人的「信念」洗腦之後，「每個人的工作」和「團隊整體」的行動就能夠整齊一致了。

如果在團隊開始運作之後，才被迫需要做大幅度的更動或中途修正，企劃的成功率將會頓時下降。

所以在正式啟動之前，一定要不惜被嫌棄地再三溝通說明。

就算沒有一口氣凝聚團隊的厲害領導能力，**只要徹底扮演好團隊「潤滑劑」的角色，針對「想法和遠景」各別和每一個成員說明，表現得比任何人都積極，整體團隊就會用實際的行動來回應你。**

反過來說，假使少了這種「想法的共識」和「認真的行動」，即便有再厲害的領導能力，團隊也會在中途瓦解。

我就這麼在無意識間建立了一個沒有強勢的領導，所有成員一致平等、最理想的「平等式團隊」。

Chapter
20
不必改變態度

很多人一看到對方的地位或頭銜，態度就會立刻一百八十度大轉彎。

以前我在跑業務的時候，還有剛當上製作助理的期間，經常靜靜地在一旁觀察公司內外主管的行為和態度。

有的人即使面對底層的我，一樣會開心自在地打招呼。有的人則是幾乎漠視，態度敷衍隨便。

觀察的結果，讓我明白了一件事。

對待比自己地位低下的人態度敷衍隨便的人，都不是長久型的成功者。即便擁有一時的身分地位，也無法長久維持。我覺得這是個很有趣的現象。

看著這樣的人，我告訴自己絕對不要變成這種人。

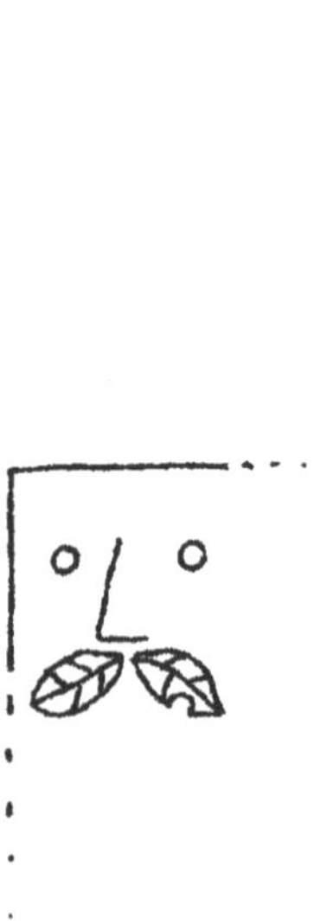

不過比起這一點，我更覺得根據對象不同一一改變態度的行為本身，不但麻煩，而且還很沒效率。無關年齡和身分地位，簡單地將所有人視為平等，這種想法比較好理解，心情也比較暢快。

舉例來說，我在拍攝現場，面對那些助理們，態度都和對待主要的攝影師和造型師一樣。我會確實記住對方的名字，說話態度保持客氣，一如往常地狂熱分享我對歌手和作品的想法。

或許在現場負責主要工作的人不是助理。

但是，他們在現場「單純只是工作」，和抱著特別的感情，以「有什麼我可以做的？」「我想多少貢獻一點力量」等細膩的用心提供協助，對當天的成果會造成很大的差異。

實際上就曾經發生過在演唱會上，助手的副攝影機捕捉到最棒的畫面。

我也曾經看過在專輯封面的拍攝現場上，攝影助理拚命地拿著反射板補光，讓攝影師拍出一張動人的照片。

這些默默發自內心的留意和努力等小小的部分不斷累積堆疊，打造出完美的現場。因為有這些在現場散發的能量，所以才有奇蹟發生，創作出令人驚豔的完美作品。

完美的工作，是靠人的「熱情」和「筆畫」般細微的細節不斷累積，才有辦法完成。

Chapter 21

不需要多數決和命令

團隊工作一定會發生意見分歧。我主張愈是這種時候，絕對不能以採「多數決」來化解衝突。

所謂多數決，就是誰都不用負責任、沒有主見、不像決定的決定。透過這種方式做出來的作品（商品），到頭來根本感動不了人。

實際上，在我製作過的企劃當中，從來沒有靠多數決打造出暢銷作品的例子。

團隊裡大家意見分歧、無法整合是常見的情況。

這種時候，我絕對不會因為自己是領導者，就強迫大家接受我的意見。因為**「命令」是最沒有創造性、而且最沒有效果的行為。**

我會先**在彼此「地位平等」、「沒有絕對的正確答案」的前提下，讓大家毫無顧忌地說出自己的意見，徹底地互相碰撞、討論。**

如果到最後還是無法整合意見，我就會採用團隊中對「討論的點子」比誰都狂熱的「那個人」的意見。

我會當場決定「把一切賭在那個人的敏銳度上」，並告訴大家由我扛下責任，取得大家的共識。當然，如果我自己就是最狂熱的「那個人」，大家也會很自然地接受我的意見。

這個時候，一定要讓大家在感受上都沒有留下任何疙瘩。

因此，**大家在團隊整體應該朝向的「唯一的目標＝信念」上具備明確的共識，就變得很重要**。

任何領域的創作者，都會有「自己想要表現的世界觀」或「所屬業界偏好的方向」。這些不同領域的創作者彼此之間的摩擦，都是常有之事。假設這些和歌曲的方向有所違背時，該怎麼辦？

舉例來說，我曾經在音樂錄影帶的編輯上，和影像導演意見相左。

討論的結果，我們決定遵照當初的信念，朝「歌曲的世界觀能夠更容易傳遞的方向」來編輯。不過，很多時候雖然對方願意理解，不過在心裡卻是無法接受。

「反正他根本不懂拍片，我才是專業。」

當然也會有這種自負吧。

人只要心情上覺得耿耿於懷，一定都會寫在臉上。這種時候，就算對方表面上說「我知道了」，最好還是繼續和對方溝通。

目的是為了讓導演回想起「整個企劃的主角是歌手和音樂，而我是這個為了將作品傳達給更多人而集結成的團體中的其中一人」這個大前提底下的「唯一的目標」。

當對方能夠打從心底認為「自己以身為團隊的一分子為榮」，他才有可能拋開自己滿足和業界的偏好，為了「唯一的目標」盡最大的努力。

在這裡我要強調的是，像這樣的創作團隊，絕對不是「機械工廠」。管理團隊需要的也不是「要大家聽命」或「強迫大家去做」。

現在無論是哪個領域或職場，一定都講求「獨特性」。

如果只是受迫於上面的人，就算是再優秀的人也會喪失獨特性，結果導致企劃交不出漂亮的成果。

現在的團隊領導者都應該隨時謹記以下三點：

①當個可以讓團隊成員發揮最大才能的「潤滑劑」（P135）

②努力保留每個人可以主動發揮的「空間」（P134）
③不要忘記團隊朝向的「唯一的目標＝信念」（P143）

捨棄個人、朝著團隊唯一至高的目的為目標去做，不但非常麻煩，而且充滿艱辛。但是，當大家一起合作攻下那個頂端的瞬間，無論是誰都會激動到無法自已，覺得之前的辛苦一切都「值得了」。

從那裡一起看到的絕美景色，肯定一輩子也忘不了。

就算只有一次，見識過這般景色的領袖者，都是很厲害的人。

因為那表示沒有被中途發生的無數次困難所擊垮，一直抱著「我要和大家一起看看上面的風景」的心情不斷往上前進。

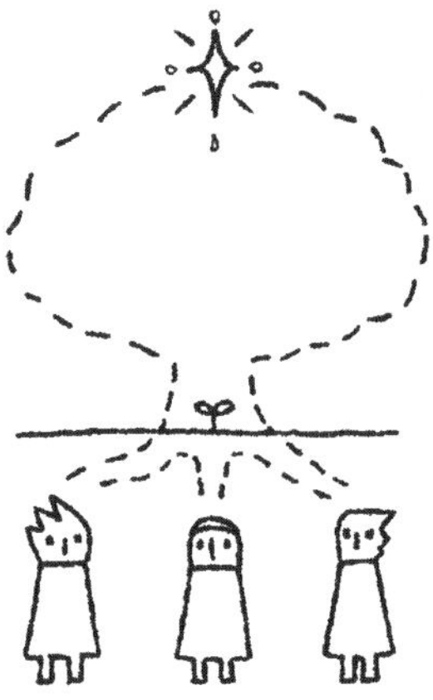

第5章

工作

Chapter 22

就算是討厭的工作也沒關係

唱片公司的經驗，讓我找到了暢銷的法則。

像淋浴般一樣向不特定的多數人散佈的作法，絕對無法打造暢銷。只有感覺像是一個一個分發一樣去做，才有可能成功。

讓我領悟到這一點的是我剛進公司的第一年，在北海道當業務時擔任「演歌隊長」的經驗。「演歌隊長」指的是在演歌歌手進行所謂「地方劇場巡演」時負責打雜的人，通常都是由公司裡的年輕員工擔任。所以，這份任務當然就落在我身上。

我對演歌完全沒有興趣，加上被迫接下這辛苦又麻煩的工作，所以老實說，一開始我很排斥。

不過，那時候我體驗到後來成為製作人的初衷。

演歌隊長的工作是這樣的。

首先，隊長會收到歌手的宣傳活動安排，接下來就要負責聯繫各個地方演歌團體的其中一位負責人。所謂演歌團體，指的是由一群喜歡演歌的人集結而成的團體。這些團體彼此之間的關係相當緊密，甚至有人是同時身為好幾個不同團體的負責人。

負責人收到請託之後，就會協助找好各地可以進行業務活動的卡拉OK或小酒館、公民會館等場地。

接下來一直到活動當天為止，會經過好幾次的電話聯誼會和會議，做好萬無一失的準備。這個過程由於同時會和十個以上的負責人各別進行，因此非常耗費時間和精力。

終於到了當天，我和歌手及經紀人三人會各個地方輪流跑。場地小至只有十幾人的小酒館，大至可容納上百人的公民會館都有。一場表演大約十五至三十分鐘，過程中我的工作之一還包括擔任那小型表演的主持人。

對於當時非常害怕在大家面前說話的我來說，這個主持人的工作比什麼都痛苦。我緊張得面紅耳赤，連拿著麥克風的手都在發抖。

我流著汗，僵硬地照著節目表介紹歌曲，接著歌手開始演唱。我隨即抱著一整箱滿滿裝著一卷一千圓的錄音帶穿梭在觀眾間兜售。

底下的觀眾大多都喝了酒，所以我經常被纏著不放，要不就是被喝醉的客人吐得滿身都是，留下不好的回憶。

歌手邊唱還會邊對我使眼色「那邊的觀眾很嗨喔」，要我繞過去。所以我還得隨時注意台上的狀況，免得漏接了歌手的暗示。

接下來就是成為製作人的重點。

歌手會對著底下小小會場裡的每個人，用像是「一對一」的方式一個一個真心熱情地演唱。就算只有一瞬間也毫不敷衍，持續以高昂的熱情演唱，只為了讓底下的人掏出口袋裡的一千圓。

看到那模樣，我和經紀人也會拚了命地努力。我也學著同樣的方式，一一直視眼前的觀眾推銷手上的錄音帶。

當我開始這麼做時，第一個客人出現了。賣出第一卷之後，接著又有下一個客人，就這樣一個接一個。我可以很清楚地看見東西一個接著一個地賣出去。

當歌手的演唱和聊天，與我的主持和兜售、經紀人負責的燈光音響（卡拉OK擴音機和店內燈光的調整）等所有一切都進行得天衣無縫時，很奇妙地錄音帶也會跟著賣得很好。

當全場每個人都跟我買錄音帶時，我內心無比的激動，久久無法自已。

相反的，有時候也會發生觀眾的反應不好、賣不出去的情況。遇到這種時候，我們三個人就會在事後開會檢討，針對問題點徹底討論。

甚至只要這一連好幾天的宣傳活動成果不錯，歌手的作品在該地區的銷售排行榜也會跟著提升。

透過這個「一開始很排斥的工作」，我學會了怎麼讓客人把錢掏出來。我深刻體驗到這種「一對一」、「一個一個」的操作方式，才是暢銷的絕對法則。

所謂暢銷，說到底就是「一個一個」的消費者的感動和行動所累積出來的結果。而任何一個暢銷作品或商品，一定都有「最初的第一個客人」。

就是這樣而已，非常簡單的原則。

就算後來我的工作變成規劃數億日圓的大規模宣傳活動，同樣還是以直接把感動「一個一個」傳到消費者內心為出發點來擬定策略。

在以多人為目標的前提下設定形象策略和宣傳行銷時，絕對不能忘了一定要在腦中有具體的想像，知道「什麼樣的消費者會在什麼時候、用什麼樣的心情」在零售店買下你的商品。

「二十~四十歲的女性」這種典型的目標客群設定，幾乎沒有任何意義。

「服裝設計系專校畢業，喜歡西方搖滾和戶外音樂祭，興趣是到下北澤二手衣店挖寶的二十五歲女子。」

只有像這樣盡可能設定出一位真實的消費者形象，根據這個形象去思考如何打動「這個人的心」，才能有明確的優先順序，知道該如何擬定策略，從哪裡、如何開始著手行動。

這是我從擔任演歌隊長的經驗中得到的學習。

在正式登場之前經過無數次縝密的討論和推演。歌手對著眼前的觀眾真心演唱。受到感動的觀眾當場掏出錢購買。

這過程就是整個唱片公司業務的濃縮。移居紐西蘭之後，我參與了許多不同領域的企劃，不管任何商品或業界，這個法則放諸四海而皆準。

從這絕對稱不上是流行音樂的傳統演歌地方劇場巡演的工作，我不只學到製作人的相關技巧，也體驗到做生意必備的所有要素。

Chapter 23 做好應該做到的事就行了

我曾經在兩所大學擔任兼任講師，也在其他多所大學開過課，所以我的學生遍佈全日本。

這些人在出社會後遇到挫折時，我都會跟他們說：「你只要做好應該做到的事就行了。」

不管是什麼工作，基本的業務只要花個兩三年就能學會。

但是，如果不瞭解「真正重要的關鍵」，只是這樣一直做下去，無論在哪個領域都一定會遇上瓶頸。

反過來說，只要確實學會「真正重要的關鍵」，走到哪裡都能生存。

這是我經過二十多年的社會經驗，與各種不同領域和地位的人合作，遇過上萬人之後可

以肯定的一點。

那麼，所謂「真正重要的關鍵」，指的究竟是什麼呢？我是在工作的第三年，才領悟到這個答案。

那時，我從SONY的札幌營業處被轉調到東京的總公司，負責媒體宣傳和製作助理的工作。從原本悠閒的地方業務，一下子轉調到商業一級戰區的東京市中心擔任艱鉅的工作，繁重的業務讓我忙碌到幾乎沒有時間睡覺。

我完全不知道該如何應付，心中無比困惑。

總公司的人不但做事迅速，連走路都很快。開會簡報時滔滔不絕地說得口沫橫飛，隨時都抬頭挺胸、充滿自信的模樣。

光是和他們站在一起，我就愈來愈覺得自己是個沒有用的人。

有一天，我坐在位置上嘆了好大一口氣。可能是出於擔心吧，一旁的直屬主管立刻前來關切：「你還好嗎？」

一時之間，我想都沒有想便脫口說出自己的煩惱：「我原本在地方跑業務成績就已經不是很好，現在在這裡一下子要我做製作的工作、一下子要我去做媒體宣傳，我真的不知道該怎麼辦才好。」

聽我這麼說，主管告訴我：

「我們的工作確實很忙，而且不簡單。正因為是這樣，所以只要做好身為一個人應該做到的事，這樣就行了。」

身為一個人應該做到的事。

遵守承諾。確實做到表達感謝。

說話客氣有禮。看到人有精神地打招呼。

如果快遲到了，一定要事先告知對方……。

「這個業界每個人都很忙，於是會漸漸忘記應該做到的事。所以你只要一直做好這一點，就能脫穎而出。」

聽到這番話，我原本沉重的心情頓時稍微鬆了口氣。

這句話至今仍然被我拿來作為座右銘。

不管是學生還是社會人，面對任何一個業界和工作，這一點都很重要，必須隨時謹記在心、不能忘記。這也是取得社會信任的秘訣。

在累積了愈多的社會經歷之後，人會變得愈來愈忙，於是對應該做到的事變得鬆懈。而**真正能幹的人，其實是對於剛踏入社會時努力做到的那些「應該做到的事」，始終都能繼續維持的人**。

我經常在接受採訪或訪問時被問到：「身為一個製作人，是什麼原因讓你可以寫下這些成功紀錄和暢銷作品？」

想必對方一定是期待我會說出什麼「打造暢銷的神奇方程式」之類的回答。不過，我的回答始終都是一樣：

「我只是從以前到現在，一直都腳踏實地老實做好身為一個人應該做到的事罷了。」

Chapter 24

過度謹慎也無妨

不管是哪一種類型的歌手，都會有得意和低潮的時候。

在得意的時候，更要注意到小地方。

在走紅之前，歌手自己，還有包括我在內的所有團隊成員，經常都是低著頭四處「拜託」。不過一旦專輯大賣，就算什麼都沒有做，通告邀約就會大量地不斷湧入。

但是當然的，就現實來說不可能全部答應。加上就歌手的形象操作來說，有些工作和媒體演出更是絕對不能答應。

如果是 Chapter 13 提到的「主攻名單」上那些走紅之前照顧過歌手的恩人也就算了，其他多數邀約大多會拒絕。過去對我的請託選擇漠視的人同樣也會提出邀約，但是不管怎麼樣，我也絕對不能因為這樣就跟對方說「在走紅之前，你可是什麼忙都沒有幫呢！」。

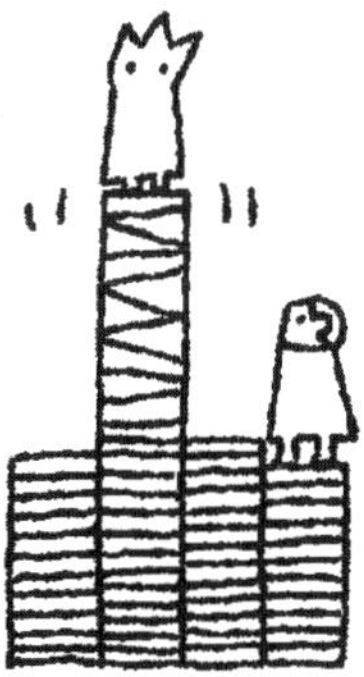

很多人都搞錯了，事實上**比起「請託」，「拒絕」需要花費的心力和智慧更多，困難度更是好幾倍以上**。

拒絕必須要讓對方在「感情上和理論上」都能夠接受。

首先，要確實彎下腰道歉。然後以比一般更謹慎的措辭態度，清楚說明「完美合理的拒絕理由」。

一旦走紅，言行舉止就要比走紅要來得更客氣。

歌手自己和整個團隊一定要徹底做到這一點。

舉例來說，假設某個知名歌手搭上計程車，因為睡眠不足在發呆，沒有注意到司機在對自己說話。這時候就會流出「那個歌手態度很高傲」的傳言。但如果是默默無聞的新人做了同樣的事，大家根本不以為意。

就因為是名人，所以一舉一動都會成為批評和傳言的來源。

另一點要更小心的是身邊的人的言行。

歌手走紅之後，製作團隊裡一定會有人搞不清楚狀況，開始用傲慢自大的態度對待公司內外的人。因為團隊裡的人無心的言論和態度，造成歌手的風評變差的例子，其實多不勝數。

這種情況在一般公司和部門之間也是一樣。

上面的人即便在交出漂亮的業績、受到大家注目之後仍處處小心保持一貫的態度，但是只要底下的年輕人或員工在外面稍微得意了點，整個團隊就會被批評是「變得高傲自大」。這種例子經常可以聽到。

為了避免這種情況發生，我一定會用以下的例子向製作團隊說明。

有一家拉麵店，開在離車站有一段距離的地方。餐點的味道很好，對待客人也很有禮貌，但是因為地點不好，所以生意很差。老闆每天都會到車站前發傳單招客，不過依舊沒有客人上門。

有一天，店裡來了一位電視台的製作人，吃了非常喜歡，便在節目中介紹這家店。由於本來東西就很好吃，所以大受歡迎，頓時成為排隊名店。

這時候，老闆的態度就決定了這家店接下來的命運。

不懂的老闆就會因為安逸而鬆懈。

以「忙不過來」為由，待客變得敷衍隨便，只求效率而放棄對味道的堅持。於是客人漸漸不再上門。

這時候就算驚覺不對，再到車站前發傳單，一切也都於事無補了。「那家店東西不好吃，態度也很差」的評價一旦開始流傳，就很難再有挽回的機會了。

另一方面，如果老闆是以下這種態度呢？

比起付出努力卻沒有客人上門，現在忙碌時的努力反而更「輕鬆」。雖然忙到頭昏眼花，卻把客人絡繹不絕的現在當成「最好的賺錢機會」，不斷改進提升自己的待客和味道。

這個時候的想法和作法，決定了接下來自己會變成「瞬間爆紅又快速沒落的店家」，還是成為受常客支持的「老店」。當然，不只是餐廳，歌手或上班族可以說也是同樣的道理。

工作順遂之後，接下來才是決勝負最重要的關鍵時刻。

而且，「這段時間」其實並沒有想像中來得長。根據我的經驗，長則一年，短則幾個月就結束了。對人生而言可以說只是「一瞬間」。這短暫的期間如何度過，決定了接下來的一生。

以跑業務為例。

在業績開始有起色的時候，更要比之前更謹慎面對工作，贏得老客戶的信賴。等到哪一天業績不好的時候，願意伸出手幫助你的，永遠是這些老客戶。

不管是誰，在容易鬆懈的得意時期，更要謹慎小心。

這也算是為了替自己建立在危機時刻願意伸手幫助你的「真正夥伴」的關係。

Chapter 25

不必害怕只和喜歡的人往來

在踏入社會第三年到第五年這二十歲階段的最後幾年。剛轉調到東京總公司的那段期間，我還是很害怕和公司內外的員工、合作公司的主管面對面說話。

不論對方是誰，第一次見面一開始我就失敗了。如果對方是個客氣溫和的人，時間久了至少還能稍微適應、多少冷靜下來。但只要是關於工作，基本上無論對方是誰，我都會一直很緊張。

尤其我最討厭和媒體跟大企業裡經常會遇到的那種態度傲慢的人說話。每次要見面之前，我就會開始變得表情僵硬、直冒冷汗。當天從一早在家開始就很緊張，不想去上班。而且只要一開口就會緊張到面紅耳赤，說話結結巴巴。

不過，最痛苦的還是深夜。

拖著筋疲力竭的身子爬上床，我就會開始自我檢討「今天又把所有事情搞砸了。明天一定要想辦法補救才行」。

甚至只要當我開始責怪自己之所以連話都說不好、人際關係失敗，全都是因為自己不夠努力緣故，就會連覺也睡不好。

由於每天實在過得太痛苦了，我找了個人訴說自己的症狀，尋求協助。對方只說「你這是輕度的對人恐懼症」，讓我更加挫折。

後來在一次不經意之下，我向一位前輩聊到這些。那一次的對話，將我從地獄般的日子拯救了出來。

前輩的年紀長我幾歲，是個在工作和說話上都很隨便的人，不過我很喜歡他，因為和他聊天絕對不會出現關於工作的話題，這點讓我感到很放鬆。

他是公司內少數幾個我可以「說話不會那麼緊張」的人，而且還是公司內少數會把生活看得比工作重要的人。不管白天工作多麼忙碌，他每天晚上一定都會和女朋友見面約會，遇上海浪狀況好的時候，一大清晨就跑去衝浪。

那一天，我睡眠不足的狀況比平常更嚴重，逃也似的躲到公司的休息區去，就看到前輩也一臉無精打采地在摸魚。

「我昨晚喝到凌晨，一大早還跑去衝浪才來上班。」他一臉賊笑地說。

或許是那個笑容讓我卸下了心防，我不經意脫口而出「我好想辭職」。

沒想到這時候，從他的嘴裡冒出一句出乎我意料的話：

「就當作是死馬當活馬醫吧，辭職之前要不要再試試，只要跟你自己喜歡的人往來就好。」

「不行、不行！這是工作，不能這麼做。」

「反正都要辭職了，有什麼關係？」

「呃，是這樣啊……那前輩你為什麼喜歡這份工作？」

「我也沒有特別喜歡啦～」

「那麼你為什麼做得下去？」

「因為它讓我在女人圈中很受歡迎（笑）。」

這個答案讓已經好一陣子笑不出來的我不由自主地大笑。臉上的緊繃自然而然地放鬆了下來，心情也變得比較放鬆。

對他來說，這或許只是他隨便安慰我這個痛苦的後進的說法。但我覺得自己「被拯救了」。

不知不覺間，我重拾久違的興奮心情，告訴自己「就當作是死馬當活馬醫吧，今天開始我就來試試這荒謬的方法」。

我聽從他的建議，**索性盡量不斷和「讓自己感覺自在、不會累、喜歡」的人相處，並且盡可能地努力避開和「不太會相處、會讓自己很累、討厭」的人接觸的機會**。

根據我過去不擅交際的經驗，一天之內只要有八成以上的時間和討厭的人在一起，臉上的表情就會變得扭曲。我想這一定就是我之前的情況。

只不過，從那天之後，這個比例漸漸減少了。伴隨而來的是，我感覺自己一點一滴地慢慢在改變。

雖然這麼說，但也不是每一次都能如我所願地做到。

還是有很多時候必須不得已地整天都和「自己不擅長相處的人」在一起，或是非得面對面進行長時間的對談等。

只不過，我漸漸不再出現過去那種不正常的疲憊感，也慢慢改掉在睡前緊逼自己的習慣。

對於不喜歡的人，我不會用「討厭的人」來指稱，而是用「自己不擅長相處的人」的說法。面對一定會經常碰面、「自己不擅長相處的人」，我會盡可能增加和對方打招呼或簡短對話的「超短時間的接觸」，讓自己能夠更適應對方。

這兩點是我從這個經驗中學到的人際關係的秘訣。

自從晚上睡得著之後又經過半年，我再也不會因為緊張而表情僵硬了。

雖然和不擅長相處的人在一起還是會緊張，但是冒冷汗和臉紅的症狀也沒有了。一直被批評「總是一副看起來沒有自信的樣子」的說話方式，也漸漸有了改善。

一年後，我終於可以用自在的口吻和表情和人說話。幾年之後，我那不擅交際的症狀也完全消失了。關於這一點，之後再詳細說明。

工作不是沒有辦法完全只和喜歡的人往來嗎？

或許確實是這樣沒錯，不過各位可以像我一樣，先試著挑戰「稍微保持距離」。

例如面對不擅長相處的人，錯開中午用餐的時間、盡量不要從對方座位附近經過、說話之前先整理好重點，盡量縮短接觸時間等。

相反的，面對喜歡的人，就盡可能出現在對方的視線範圍內、一有機會就主動攀談、就算是沒有直接業務關係的人，也試著和對方變成朋友等。

做得到的部分其實很多，從小地方開始應該都能辦到。

這個道理非常簡單。

只要長時間和喜歡的人相處，縮短和不擅長相處的人在一起的時間，就能減少過度緊張的時間，讓原本隱藏的「自我」能夠展現。

可以先透過「眼神和表情」，接著藉由「聲音和語氣」來表現。

當你確實地向身邊展現「自我」，對方的反應自然也會朝好的方向改變。也就是說，**只要找回「自我」，人際關係就能很輕易地有所好轉**。

這麼說來，「改變環境的唯一方法，就是改變自己」的說法，或許可以說不見得是騙人的吧。

Chapter

26

不需要長時間工作

完成大量工作，看起來比任何人都要來得忙碌。

率先無償加班，半夜和休假也主動在家工作。

日本到現在還肯定這種工作方式，認為這樣才是「有能力的人」。然而，這種想法根本是錯的。我年輕的時候也有這種誤解。

唱片公司的製作人通常手上都會同時負責兩到三個歌手。我在擔任製作助理的時候，甚至最多曾經同時參與六個企劃。而且那時候還身兼媒體宣傳的工作，負責首都圈好幾個廣播電台。

媒體宣傳負責的是公關的工作，必須向電視台和廣播電台、報章雜誌、網路等媒體敲通告，拜託對方幫我們所屬部門的所有歌手介紹專輯作品。

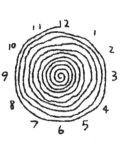

我的部門底下共有約四十組的歌手，在我負責的東京和埼玉的廣播電台，有個每天不同主持人的塊狀節目。星期一到凌晨一點半，星期二到深夜十一點半，星期三到清晨五點，星期四到凌晨三點，星期五到凌晨一點，天天都得守在節目現場。

隔天最晚早上九點半就得到公司處理製作助理的雜務。假日也一定都有演唱會的工作。

不只唱片公司如此，在當時的娛樂圈、廣告和媒體業，都有一股「在公司不眠不休地工作、加班到深夜的人最厲害」的強烈傾向。受到這種觀念的負面影響下，總是不給好臉色看的前輩經常會在半夜強迫去陪他喝酒。

好幾次我都告訴自己「再這樣下去會沒命的，我要逃才行」，但最後總是會被「我現在可是在大城市的市中心、演藝圈的第一線做著相當了不起的工作」這種連自己也不清楚打哪來的自信，以及空虛的自滿給打消念頭。

加上前輩沒來由地誇獎「看你經常工作到半夜，很拚喔！」，讓我忘情地癡迷於「努力的自己」。

再這樣下去會變成怎樣呢？

一開始，我經常感到身體不適，導致思考力和判斷力下降，最後連精神狀態都變得不穩定。這時候已經變得相當危險了。

除此之外，我開始對每一次的工作敷衍了事，不自覺間，工作的品質變得愈來愈差。住的地方、朋友關係和家庭關係全都變得亂七八糟，個人和生活全都一步一步走向崩壞。

開會無法遵守時間約定，總是匆匆忙忙地邊趕邊道歉。為了遲遲沒有拜訪合作客戶而向對方道歉。連資料也來不及準備，只能低頭道歉。

對朋友也是「不好意思，我今天也會晚點到」。對家人和另一半也是「對不起！我今天不能赴約了」。

不知不覺地，每天總是在向人道歉。

某一天夜裡，前輩找我去喝酒，我不斷「對不起、對不起！」地死命拒絕，跑到路邊正準備攔計程車時，一股恐懼感油然而生。

「我每天都做不好。我已經變得不是我自己了。」

隔天早上，我鼓起勇氣打電話到公司：「我發高燒，今天要請假。」當然我是裝的，我從家裡開了一個多小時的車，來到山梨縣的本栖湖。

如果是平常，我一定會拋動魚竿沉迷在垂釣虹鱒當中。但是那一天，我拿著工作的行事曆坐在湖畔，心裡下了一個重大的決定。

面對著平靜的湖面，我翻著寫滿工作的過去半年的行程，臉色愈來愈蒼白。因為我幾乎沒有任何記憶。

我不斷深呼吸，看著每天緊湊的行程一個一個思索，挑出「不做工作會進行不下去」的部分列在另一張紙上。

接著是待做清單。看著清單上那多到誇張的工作，我不禁顫抖。我先讓自己冷靜下來，用和剛剛一樣的方法過濾出重要的工作，加到剛才的工作清單上。

不需要出席的現場，不必做的工作，不必見面的人，不需要出席的會議。不必要的太多了。

原本以為「絕對要做」的事，如今才意識到根本不是那麼一回事。

這時候，我暫時閉上雙眼，把心裡想到的「想做的事」，寫在另一張白紙上。我的心又重新湧起一股興奮雀躍，開始活了過來。

接著，我打開從明年開始一年份的新的行事曆，上頭只寫了例行的工作。我將列好的「想做的事」，用紅筆醒目地排入行程當中。

首先是睡眠。我根據每天的工作決定上床睡覺的時間，在行事曆上寫下「就寢」粗粗的兩個大字。到本栖湖釣魚的時間，就安排在不太好排工作的週日一早到傍晚，每週固定。

北海道道東的釣魚之旅，就設定在工作量看起來應該會暫時減少的三個月後，連同週末排定三天的行程。為期一個星期的「紐西蘭旅行」，在試算過年度例行工作之後，就安排在工作應該會較少的十個月後。旁邊還加註「夢想」兩個字。

最後，我把過濾出來的「不做工作會進行不下去」的事情，依照優先順序由上而下寫在行事曆的空白處。沒有辦法安排計畫的，就依照重要程度追加在空白的待做清單上。

完成之後，抬頭一看，夕陽將湖面照射得一片金黃。

我手上拿著稍微多了些空白、感覺不再沉重的行事曆和待做清單。這些不只是一張一張的紙，而是我打從明天開始的嶄新的人生。

原本沉重的心情也輕鬆不少，我感覺找回了自己。**這時候的我，除了有形的東西以外，我還學會了捨棄工作、計畫和人際關係**。

我這不是在炫耀自己的辛苦，而是給各位的「警告」。

我過去那樣的工作方式是不正常的。事實上也曾發生過老是說自己身體不舒服的同業人員和同事到最後身心俱傷，甚至是離開人世。所以，無論是犧牲睡眠時間的大夜班，或是不眠不休的工作，都萬萬行不得。

如果各位讀到這裡，覺得「我的公司也是這種感覺，自己也是類似的情況」，大可勇敢

質疑「這家公司說不定是黑心企業」。

這時候至少要像我一樣，先裝病也好，讓自己休息。

接著一定要採取行動。

那個時候，網路還尚未普及。**隨著科技的急速變化，如今每個人的工作量是過去的好幾倍。然而，無論是工作環境，或是上面那些大人們的觀念，卻和以前一樣沒有多大的進步。**對年輕一代的人而言，今日的日本社會實在過於嚴峻。

就我所知道的**歐美國家，理所當然地都是重視「高產能」勝於「長時工作」**。

附帶一提，有項調查結果各位一定要知道：被揶揄是「工作狂」的日本人，很遺憾的工作產能是開發國家中排名最低的。

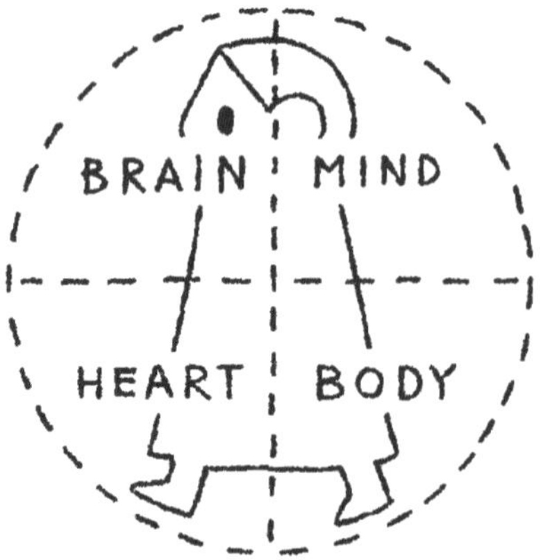

第6章

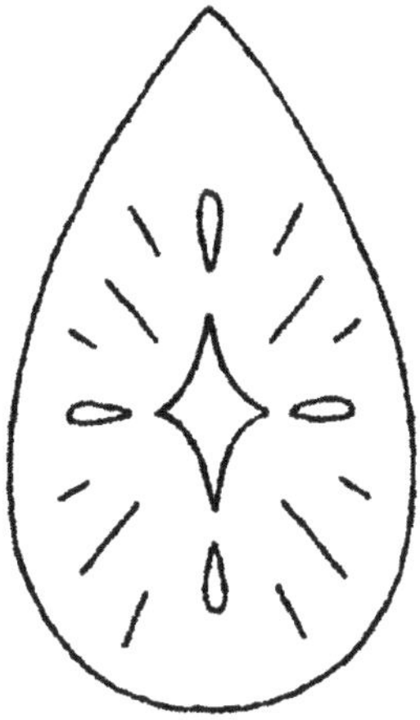

信念

Chapter 27
不必依循常識

前面提到，我在剛進公司的前兩年，老實地跟隨自己的感覺去做事，結果在公司遭受痛苦的對待。不過，我個性魯莽，不懂察言觀色這一點是我不對。那時候我非常痛苦，壓力大到好幾次把身體都給搞壞了。

我告訴自己「這一切都是因為我還沒有社會經驗的關係」，雖然心裡無法接受，但還是依照前輩和主管所說的「你錯了」、「這是常識」，拚命要自己照著去做。

但是，最後非但沒有做出成果，終於連我的內心也開始改變想法了。

不論是照自己的意思去做，還是相反的壓抑自己的想法去做，結果都很痛苦，而且沒有成果。

既然無論選擇哪一個都不對，我決定不再欺騙自己的內心。這一開始的第一步，是消去

法之下的選擇。就某種意義上來說是一種消極的決心。

在那段評價最低的札幌營業處的時代。

我告訴自己「我雖然沒有智慧、也沒有經驗，體力倒是很多」，每天只顧著到處跑唱片行。我毫無策略地只是不停地行動，告訴自己「我要每天比公司裡的每個人跑更多的客戶」。

當時我負責的客戶一共有釧路和帶廣共五六間，以及札幌市區內的五六間唱片行。

遠地出差的費用，公司一個月只承認一次，鄰近地區則沒有這個限制。以五六間店來說，一般大概都是花兩三天跑完，不過我卻是每天跑遍市區內的所有客戶。

這麼做必然每家店待的時間就會縮短，不過可以不用說太多就離開，對我來說反而鬆了一口氣。而且我只要做好兩件事：「有精神地打招呼」、「聊自己最喜歡的歌手和專輯作品」。

我每天把「這個歌手不錯唷！」掛在嘴邊，煩到幾乎讓人窒息。不知不覺間，一個接一個地，店員們紛紛愛上我推薦的歌手。

從這個經驗我學習到，**「每天露臉」這麼一個簡單的行動，就能更緊緊抓住對方的心**。

雖然只是小小的一塊空間，不過對方願意把店裡醒目的位置，讓給我擺放歌手的CD，再寫上我真心的推薦感想。

或是幫忙推薦給同類型的唱片行「SONY的四角先生異常地強力推薦（笑）的那個歌手不錯唷」。

就在我跑來跑去不斷擲出「單純的直球」之下，一個接一個地，願意幫忙的唱片行也愈來愈多了。

不久之後，他們把我介紹給我負責以外的唱片行，我同樣又開始熱情分享我喜歡的歌手。跑業務跑到其他同事的「勢力範圍」，不用說也知道這是一大禁忌，當然會遭來其他業務的白眼。

但是我一心一意只想讓更多人認識我喜歡的歌手，不顧一切地不斷打破公司內部的規定。

後來，我甚至跑到廣播公司和有線電視台等媒體毛遂自薦「請幫忙在節目中介紹這個歌手的新曲！」，做起公關的工作。

附帶一提，這其實是其他部門——宣傳部的工作。我這麼做完全就是越界，是天大的「禁忌」，絕對不能犯的行為。

唱片公司大抵來說分為四個部門：

①負責製作歌手的音樂和影像，擬定形象和行銷策略的製作部

②負責將完成的音樂和影像作品介紹給各個媒體等公關與宣傳活動的媒體宣傳部

③負責針對宣傳公開的作品（商品），在線上音樂網站和實體唱片行舉辦促銷活動的業務部

④負責提供其他部分支援的管理部（包含人事部、經理部、總務部等）

地區性的營業處只會有②和③的兩個部門。不只業務部，甚至還遭受宣傳部冷眼對待的我，在營業處裡變得更加孤立了。

後來，營業處發生了一件小事。

負責地方小型唱片行電話業務的工讀生，聽我每天在一旁的電話中熱情地推薦，或許是受到感化吧，也開始主動向自己負責的店家推薦我口中的那位歌手。

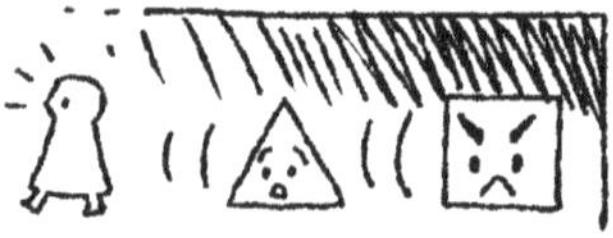

從那時候開始，公司裡的氛圍產生了變化。

大家對我的批評責難從「那傢伙根本亂七八糟」，變成「那傢伙真拿他沒辦法」。雖然是半放棄的狀態，但已經變得稍微溫和了。

不僅如此，公司裡支持我的人從一個、兩個不斷愈來愈多，我負責的店家也從十幾間增加到十五間、二十間……範圍愈來愈大。

在大家的協助之下，我一直力推的男歌手的專輯唱片，在整個北海道開始愈賣愈好。

最後成為長銷專輯，在一年半之後，光是北海道的銷售就佔了全國比例的三成，成為北海道限定的熱銷專輯。一般北海道的比例大約是百分之四左右，由此可知這個數字是多麼輝煌的紀錄。

從那次的經驗我學到，**對事情下判斷的標準不應該是就常識和規定來說「正確與否」，而是心裡「能否接受」**。

雖然如此，我的行為仍然不配稱為一名員工。當然，整個公司並沒有因此肯定我，但是唯獨總公司裡有個人給予我高度的評價。

他就是任職於東京總公司、負責那位在北海道寫下三成銷售佳績的男歌手的製作人Y先生。

那位製作人在當時的業界名氣非常高，經手過好幾次驚豔全日本的超大型商業代言合作案，更是史上最年輕就當上課長的人物。也就是所謂的明星員工。

對還只是公司新人的我來說，是感到誠惶誠恐、連說話都不敢的人物。

這樣的大人物，在當時只有兩千人的公司裡，之所以注意到我的存在，其實只是因為聽聞「札幌那裡有個奇怪的傢伙」。

沒想到就因為這樣，他把我拉進東京的總公司，擔任他身邊的製作助理。我之所以在進入公司的第三年轉調到總公司，就是因為這個原因。

七年後，他被提拔為日本華納音樂的社長，我也跟隨他一起轉換跑道。就這樣，我一直在他底下工作了共計十年以上。

假設不是有他，我敢說自己就不會在音樂圈待了那麼久，也不可能成為製作人，做出那番成績。

就連現在的生活方式，應該也不會實現。

Y先生現在已經在天國了，我對他的感謝，說再多也無法表達。

倘若我是個聽從命令、對所有專輯一視同仁、做事中規中矩的業務員，在公司的評價應該會比較好，人際關係也會好很多吧。

只不過，這樣一來，Y應該就不會知道有我這個人的存在了。而且，如果我不是「為了喜歡的歌手，就算受到反對也要義無反顧地去做」，想必也絕對不會受到他的提拔。

那些原本以為是缺點的部分，後來卻拯救了我，成就了現在的我。

我敢說，我聽從自己內心的聲音，「專注在自己做得到的部分」，一心一意堅持下去的行為，決定了我的工作，不，應該說是我的整個人生。

各位現在所處的環境裡的那些應該遵守的常識和規定，真的是「絕對」的嗎？

我認為，**我們應該聽從的絕對的規則，只有「大自然的法則」**。

如果說還有其他的，那應該就是「只有發自自我內心深處真心想做的事」了吧。

Chapter 28

沒辦法馬上做到也不要緊

小時候，我對弟弟有很深的自卑感。

因為他是個極度溫柔貼心的人。

當爸媽問「聖誕禮物想要什麼？」時，各位會怎麼回答呢？我會毫不猶豫地說出自己想要的東西。大部分的人一定也都會這麼做。

但是，我弟弟他卻回答當哥哥的我想要的玩偶。從他還是個幼兒園的孩子開始就一直都是。

這讓我一直很感動，覺得他不過是個孩子，卻「是個不錯的傢伙」。

相較於這樣的弟弟，總是以自己為優先的我還真是自私。我非常煩惱，因為我也想變成一個更貼心的人。然而，或許是出於妒嫉吧，不自覺間，我總是故意刁難他、欺負他。

雖然事後每一次都感到後悔，但嘴巴和手卻還是先行動了。到了晚上，躲在棉被裡閉上眼睛的瞬間，一股深深的罪惡感襲來，腦海裡不斷浮現他難過的神情。

於是，我會在睡前「自我反省」。

「我真的是個糟糕的人，又對他做了過分的事。」我一一回頭審視自己的行為，責備自己，不斷在心中喃喃自語「我下次不會再犯了，對不起，對不起……」。

「希望我明天可以對他溫柔一點，變得像他一樣……」我每天都抱著祈禱的心情入睡。

但是隔天一早醒來，我依舊自我。每天過著欺負弟弟、睡前反省的日子。

我心想自己一定不會改變了，但還是每一年每一年不斷地反省。到了有一天，我第一次在行動之前就先打消了念頭。

但也不是一開始就做得很好。

後來慢慢地，我愈來愈能做到「自己一直以來期望」的態度和說話。然後不知不覺地，我終於能夠打從心底真心接納他。

奇蹟就這麼發生了。

現在，我和他成了直呼對方名字的最好朋友，關係好到就像工作上會彼此互相激勵的志同道合的夥伴一樣。

之前「睡前反省」的習慣，從開始念幼兒園一直持續到小學畢業為止，一共長達十年的時間。

一年有三百六十五天，十年就有三千次以上。也就是說，經過這麼多次的反省，我才終於如願以償，成為理想的自己。

「只要做三千次，奇蹟就會發生。」「只要花上十年，什麼都做得到。」

年少時期體認到的這些道理，成為我後來人生的財富。

因為這樣，**我學會用最簡單的方式面對人生：即便沒有馬上看到成果也不放棄，繼續堅持「理想」，朝著那個目標不斷付出「小小的努力」**。

很多人都說「想法可以馬上改變，但是個性無法改變」。

不過我敢肯定的是，如果真心期望自己「變得更好」，而且可以朝著那樣的目標堅持努力，最後一定可以改變。

每個人在媽媽肚子裡的時候都擁有一顆「美麗的心」，只不過，來到這個殘酷的世界之後，因為環境嚴峻，所以把它藏了起來，或是忘記了。

所以我想用的說法，

不是「改變」，而是「還原本來的自己」。

從那之後，我每天晚上都會反省自己對不管是「父母」、「朋友」、「夥伴」、「同事」、「公司後進」、「態度惡劣的店員」所做出的不好的言行，並期盼自己能夠改正。

即便如此，**我仍然不逃避自己的過錯，真誠的面對自己，努力找回那個「本來的自己」**。

這或許是我人生中唯一可以驕傲地肯定自己的行為。

「人總是高估了自己一年內能做到的事，卻低估了十年能辦到的事。」

我的朋友曾經跟我說過這樣一句和我信念相同的話。

這也是世界潛能激勵大師安東尼．羅賓（Anthony Robbins）說過的名言。

為了實現移民紐西蘭的夢想，我一共花了十五年的時間。
雖然是很長的一段時間，但我現在打從心底感到幸運，終於能過著忠於自我的人生。

我認為：「人總是高估了自己可以跑多遠，卻低估了走路可以到達的距離。」

「我想讓更多人體會到由小小的努力堆疊而成的奇蹟，以及換來的感動。」

今天，我也打算抱著這樣的期盼入睡。

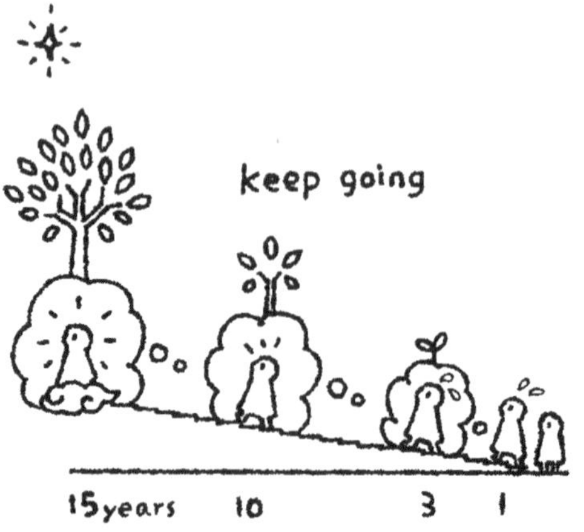

Chapter 29

沒有技巧也沒關係

出社會之後我遇到的第一個導師，是在第二年的時候。

他是札幌的王牌採購I先生。

中大型的唱片行通常會依照不同的音樂類型，分別指定一名員工負責決定要進多少張唱片。該員工就叫做採購人員。在這當中，對所負責的音樂類型有深入瞭解、受到客人支持，甚至還有粉絲的人，就稱為「王牌採購」。

新人歌手出道時，這些王牌採購會主動告知，或是直接以電子郵件通知應該會喜歡該歌手的粉絲「最近有個歌手剛出道，我想你一定會喜歡」。

接到這些王牌採購的通知，得知市面上尚未公開的最新情報的人，大多會毫不猶豫地買單。換言之，王牌採購可以為歌手在該地區建立一開始的基礎，是非常重要的人物。

我在 SONY 唱片札幌營業處的第二年，接下某位王牌採購所任職的大型唱片行業務。這位採購不僅是客人和同業，就連廣播公司和電視台等媒體相關人員也都非常信任他。

他就是I先生。只不過，在一年之前，我曾經受到這位I先生的嚴厲批評。

當時在札幌營業處有個習慣的作法，所有新進員工分配好工作之後，都要到I先生的唱片行做第一線的實習。我也依照慣例前往實習，不過當時的我，是個完全不懂得察言觀色、沒有用的實習生。

有過服務業經驗的人應該都很清楚。

在第一線的店裡，有時候會突然一陣忙碌，例如客人愈來愈多、詢問的人集中在一起、大量貨品到貨等。

但是，我卻不顧這些忙碌，自顧自地和店裡的前輩聊天，或是沒有顧慮到整家店的狀況，只知道埋頭在自己的工作中。諸如此類的錯誤層出不窮。據說I先生還跟公司表示「這個人沒有用」。

那時候的第一印象這麼糟糕，怎知第二年我接下那家店的業務之後沒多久，又犯了一個天大的錯誤。

接到這個新任務之後，對方連話都不想跟我說。

就算再怎樣做，這樣下去肯定不行。

於是我決定做好自己能做的部分就好。就算不願意跟我說話，「真心打招呼」這一點我應該做得到。

I先生的唱片行是早上十點開始營業。我在開店的同時就抵達，直接走向I先生面前。「早安。今天也請多多指教！」打完招呼之後，我就開始整理確認自己負責的唱片的庫存，或是刻意在他面前走來走去，停留了一會兒才離開。

就這樣大約持續了一個月，每天都做一樣的事。

有一天，I先生苦笑著要我「以後不用再特地來打招呼了」。

那一刻，我在內心小聲地歡呼：「成功了！他跟我說話了！」

又過了幾天，I先生終於會跟我說話了。我總算以一個業務的身分得到他的認同。從那之後，他教了我非常多，包括寶貴的音樂知識、客人的行為心理、其他公司的狀況，以及身為一個社會人該有的禮節。不僅如此，他甚至為我引介札幌音樂圈的關鍵人物。

後來，我和他共同協力拉拔了許多新人歌手，促成不少「紅白北海道的暢銷歌曲」。

我成功的關鍵，就是每天那僅僅約五秒鐘的打招呼。

各位或許會想說：「那種方法根本已經過時了，而且沒效率。應該有更聰明的方法吧？」

只不過，當時的我只想到這個方法。

重要的是**不要停下來放棄，而是要針對自己能力範圍內的事，下定決心「去做」並付諸行動。然後堅持做下去**。

人際關係中最重要的是「心情和行動」，不是話術或心理戰等技巧。如果你也像當時的我一樣不懂任何技巧，就儘管直球對決就是了。

單純而沒有心計的直球，只要能老老實實地一直投下去，一定可以傳達到對方的心中。

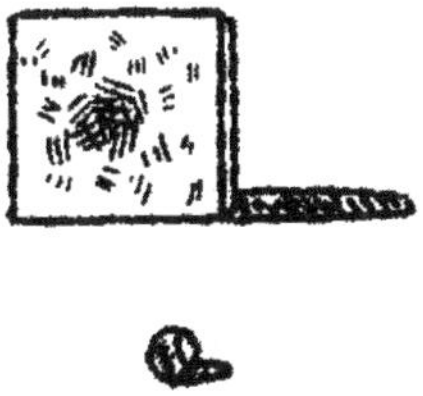

Chapter 30

不需要勝算

所有的偉大成功，都是從一個人的熱情開始的。

教會我這個道理的，就是札幌的王牌採購I先生。

I先生只要喜歡一個歌手，即便完全默默無聞，他也會徹底投入熱情不斷給予支持。只要覺得「喜歡」，店裡通常用來擺放暢銷冠軍專輯的最佳位置，他都會拿來擺放新人的作品。

唱片公司大部分都不會替新人製作店頭文宣和海報。

這種時候，I先生就會剪下新人歌手的雜誌報導，張貼在店裡，並且附上親手寫的感想。

這些當然都非常花時間。

不過，這種注入熱情製作的東西，和唱片公司送來的印刷品，客人感受到的熱情完全不一樣。I先生的店裡無時無刻都充滿驚人的能量，更進一步來說的話，那裡充滿著強烈的

「愛」。

這股能量和愛，顧客也確實感受到了。

許多客人真的都會停下腳步想知道上頭寫了什麼，而Ｉ先生的想法和熱情也會確實傳遞到客人心中。

有個故事可以說明Ｉ先生的愛有多麼驚人。

他曾經將一個兩坪大小、通常可供三至五名歌手使用的空間，全部拿來擺放我在Chapter 27提過的那個我推薦的男歌手的專輯。

非但如此，他還跟我做了一個驚人的約定。

他在那個特展空間設置了一個歌迷信箱當作「許願箱」，而且打算持續擺放到該歌手在當時北海道最具代表性的厚生年金會館（等同於東京的武道館）開辦個人演唱會之前。

許多業界的人都在私底下笑稱「不會有那麼一天的啦」「這種約定不可能遵守到底的啦」。

即便後來那位歌手遇到低潮，遲遲沒有新作品，他也堅持保留那個特展和許願箱。這對店家來說是相當大的冒險，因為在那段期間，那塊空間的銷售額幾乎等同於零。就連我後來轉調到東京，他依然繼續遵守著承諾。

後來，就在特展和許願箱設置之後的第四年。

終於，那位歌手成功在全日本走紅，站上厚生年金會館舉辦個人演唱會。

在那場演唱會上，當進行到安可曲時，I先生被邀請站上舞台。

他在全場觀眾的見證下，從歌手手上接下禮物和親口的感謝。他感動痛哭到無法自已。

在那之後，他又連續捧紅了好幾張百萬暢銷專輯，至今仍活躍於第一線。

所有的偉大成功，都是從一個人的熱情開始的。

並不是一百萬個人同時購買，創下一百萬張的暢銷成績。

而是由最初的一個人點燃熱情的火花，再一個接著一個地傳遞這股「熱情」，才造就出暢銷的結果。

毫無疑問的，I先生就是那「最初的一個人」。

我從I先生身上學習到徹底喜愛歌手的作品，以及抱持著愛堅持下去的重要性。這些道理一直放在我心中最重要的位置，成為之後我製作工作一切的基礎。

就算運用人脈和技巧，投入大筆金錢進行龐大的行銷，但若是沒有愛和熱情，絕對無法感動人心。

那是個很棒的經驗，讓我學習到如此美好而簡單的真理。

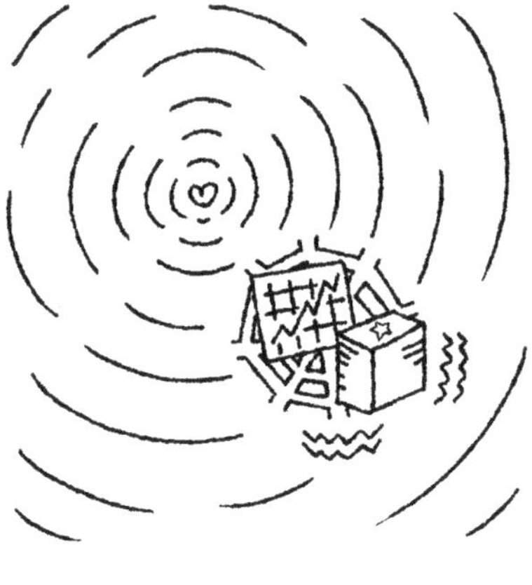

Chapter 31 不妥協也沒關係

人生取決於是否能秉持著不變的「信念」，達到創作性的溝通和交涉。這一點無論是工作、表演活動或打造歌手都一樣。

當大家意見相左，或是合作客戶提出讓人困擾的要求時，若是認為「好麻煩唷，這次乾脆就改變作法妥協好了」，一旦出現動搖，哪怕只有一次，接下來也只會面臨被迫改變，再也無法回到原本的立場。

一開始應該做的，是清楚向對方說明絕不妥協的信念所象徵的意義，以及這麼做的理由。

一旦說出口，之後絕對不能做出任何矛盾的言行。

但是，也不能「完全不聽別人說」，拒絕接受所有他人的意見。

這樣不只無法讓企劃更完美，也會完全阻斷完成事情最重要的因素——合作雙方的「幹勁」。

要堅持信念這個不變的中心，同時也要聽進他人的意見，覺得好的想法，就要捨棄沒有意義的自尊立刻採用。

這種「傾聽」的態度，深深關係著人生和工作的成功與否。

反過來說，**只要「不容妥協的信念」確定了，就會知道哪些部分不需要執著，可以改變或接受其他作法**。

以大樹來比喻就很好理解了。

粗壯的「樹幹」雖然在狂風暴雨下多少會動搖，但相當於信念的「樹根」卻是一動也不動。「枝條」為了不被折斷隨著狂風輕柔擺動，「樹葉」也會每年一次毫不遲疑地散落大地。

為支撐整棵樹，**不斷深入看不見的地底深處的是樹根**。

朝著天空（目標）緩慢生長，**一點一滴慢慢粗壯的是樹幹**。

以柔軟的姿態回應世上動靜和風雨，**不斷迅速做出變化的是枝條**。

對一切毫無執著，**察覺不對就果斷捨棄的是樹葉**。

「那個人真固執」「不聽別人的話」，和「那個人有他堅持的信念」「他總是一貫的態度」，兩者看似相同，卻完全不一樣。

如同字面意思最重要、作為一切基礎的「根幹」必須堅定守護到底，至於「枝葉」，就視情況毫無猶豫地改變形體，柔軟地做出應對。

各位可以思考關於自己的工作、參與的企劃，以及「你自己」，哪些部分各代表著「根・幹・枝・葉」呢？

那麼，接下來我想回到打造歌手的話題。

以捧紅歌手的策略來說，如何與無線電視台交涉是非常重要的關鍵。包括歌手該不該上電視？如果要，什麼樣的節目比較適合？又該以什麼方式演出？

電視台的唯一目的，當然就是節目創下高收視率。

由於「驚人話題」「爆笑話題」「賺人熱淚的話題」「感情話題」最能賺到收視率，所以大家都會朝這個方向相繼提案。

可惜的是，這些對於將人生賭在音樂這項藝術上、誠實面對自我生活的歌手來說，幾乎都是行不通的。

當時擁有高收視率的節目都具有驚人的影響力，一旦讓歌手以「不像他自己（＝違背原本的形象）的方式」上節目，一次的錯誤曝光，就很有可能毀掉之前建立起來的所有形象。這是最糟糕的狀況。

我身上背負著歌手的人生，自然不可能接受對方的所有要求。因此，我必須在事前和節目方進行嚴肅且相當仔細的交涉。

這種時候，「信念」就是在交涉的最關鍵時刻可以派上用場的最有利武器。

如果毫無解釋地一味表示「辦不到」，或是拒絕的理由前後不一，交涉最後只會以衝突收場，留下遺憾。

因此，交涉的時候一定要回歸到信念，不斷告訴對方「基於對歌手人生而言相當於『根源』的這個方針，我們實在無法答應」。

另外一點不能忘記的是，為了讓對方在情感上能夠確實接受，不管再麻煩，一定都要盡可能客氣地做出合理的說明。

如此一來，對方才會容易接受，願意針對其他的「枝葉」部分進行溝通交涉。例如「我明白了，那麼如果是另一種作法呢？」。

目的不是為了將交涉引導到只對自己有利的狀況，自己得利，使對方利益受損。**最重要的是找出「對雙方最有利的方式」**。

根據我的經驗，即使是價值觀完全不同的雙方，也可能做到「共存」和「共創」。

只要雙方表明清楚各自的「根・幹・枝・葉」，朝著積極正面的方向去溝通，就有可能建立雙方都滿意的創作性的關係。

第7章

敏銳度

Chapter 32 不需要「做筆記」

「各位，今天就讓我們來創作吧！」

在辭去華納音樂的前一年，我在京都的精華大學聽了最尊敬的小野洋子女士的講座。

上述的那句話，就是講座一開始，她滿臉笑容地向大家說的話。這句話瞬間讓我內心翻騰，敏銳度完全釋放。

在這之前，我一直是以被動的態度，希望可以從她的言談中吸收一點什麼。不過，在聽到「讓我們來創作吧」的瞬間，我萌生了一股主動的情緒：

「我想在自己身上激發化學反應，做出些什麼來！」

當天的講座出乎意料地非常開心，期間我的腦中不斷湧現新的點子。

從那之後，我在大學授課時，一開始一定會先跟學生說：

「各位，就算只有這九十分鐘的時間也好，要不要當自己是個『創作者』啊？」

光是這樣沒有辦法表達我的意思，所以我接著會這麼說：

「現在坐在這裡的每一個人，都具備只有你才有的獨創性，每個人都是獨一無二、特別的存在。」

「活著本身就是一種演出，所以這裡的每個人，全都是創作者。」

聽到這句話，教室開始掀起一股躁動：「什麼？！特別？創作者！在說什麼啊？我只是個普通人啊……」

「全世界有七十億個人，卻沒有人完全一樣，也沒有人是普通人唷。」

「各位就當是被我騙好了，我希望你們在上這堂課時，可以試著相信自己是個創作者，身上藏著其他人沒有的獨創性。」

「就算被騙九十分鐘也沒差吧！怎樣，要睡覺？還是要被騙？」

說到這裡，學生們開始露出「好像很好玩」的表情。接著，我看著他們喃喃自語。

「我的課就是一場談話節目，因為我會不斷地用說話來刺激你們，而不是音樂。我希望各位可以當作聽音樂一樣用心去感受。」

「今天，沒有什麼事是不能忘記的，所以各位可以闔上你平常的上課筆記，試著停止思考，釋放你的心。」

「不過，如果你想做筆記也可以。過程中如果有什麼感受或想到什麼，可以試著把那些片斷的部分寫下來就好。用手機或寫在記事本上、電腦什麼都可以。筆記的方法就是自由發揮！」

「不需要像寫文章一樣，因為這沒有要打分數，也不是要給誰看的，是只屬於你的東西。就像不能公開的日記一樣，這是只為你自己寫的筆記。」

「不是把我的話抄下來唷！你去聽演唱會總不會把歌詞跟音符寫下來吧。你是用心去感受歌曲和音樂，受之感動、流淚，對吧。」

「我希望各位可以把你的感覺全部打開，然後好好去感受湧上內心的衝動，以及身體出現的反應。」

「這麼做之後，你會得到『靈感』和『想法』，原本靜止的腦袋突然開始全速啟動。」

「這時候，你可以不再聽我說話，任由靈感在腦中不斷膨脹，進入專心、只有自己的世界。」

為了學分而來修課的學生們開心得一臉興奮。這是當人重新找回單純和熱情、激發出創作力的瞬間。

在這個階段，許多學生都進入專心的狀態，忘記周遭的眼光，開始集中在自己身上。教室裡的氣氛也會變得完全不一樣。

這才是人變成「創作者」時的狀態。

每一次見到那種模樣，我確信所有人內在一定都具備「創作特質」。這就是我想見到的結果。這樣一來，當天的談話節目就算是成功了。

感受發自自己內在的「小小的感覺」，用心去傾聽它。這就是喚醒你的「獨創性」、重新啟動每個人天生具備的創作特質的第一步。

很多人可能都認為：

「所謂創作特質，是某部分的天才才具備的特殊才能。」

我過去也是這麼想的。

然而事實上，每個人都具備創作特質。

這是我從到目前為止的所有經歷中學習到的不爭的事實。包括大約十年的唱片製作人的工作，以及八年來培育和打造創作家和創業家等「無名的個人」的經驗，還有長達十年以上、接觸過數千名大學生的講座。

只要懂得以下方法，每個人都可以成為創作者，喚醒你內在的創作特質。

①用心去「接受」，不是大腦

②「感受」身體出現的反應

③「拾起」大腦浮現的靈感

④將靈感「化為語言」傳達給他人

①和②以「感覺」為優先非常重要，接著才是動手的③和④。這個順序絕對不能改變。只有④的最後階段才是用腦袋去想像「傳達給他人」。

在①、②、③的階段時，不需要在意他人的眼光。另外，手腦並用寫下一切的「單純記錄外界訊息」的行為是毫無意義的。

記錄③發自自我「內在」的靈光，一定要用片斷式的句子，而不是寫文章。因為如果在這個階段寫成文章，會受到大腦過度思考的影響，混入了不必要的聲音，降低了靈感的純度。

隨著盡可能努力記下這些「靈光的片斷」，每個人都可以成為創作者。

因為這些片斷會催生出你的獨創性，激發只有你想得到的靈感，成為寶貴的「寶藏＝作品」。

我從高中時代就開始這麼做了，踏入社會開始工作之後甚至還進化到以自己獨特的方法寫成的「創作筆記」。

或許就是因為這個習慣吧，讓我後來在工作上寫下許多成功，決定了我獨特的人生。

這點每個人都做得到、就只有這麼簡單的習慣，會豐富你的工作和生活方式，喚醒你的創作特質。

Chapter 33

保持純真就好

跨越世代和時代、深受眾人喜愛的歌曲，全都是源自於一個「單純的想法」，絕對不是一開始就計算著「我要作一首能賣出一百萬張的歌曲」。

而且，這些歌曲幾乎都是以「自己」、「身邊親密、重要的人」、「生命中無法忘懷的人」等人生中特別的「某個人」為對象，投入單純而熱情的心情所寫下來的。

這些一開始都會先感動創作者自己本身的內心，接著強烈打動身邊親密的人。無法感動演唱者和眼前聽眾的歌曲，絕對不可能感動遙遠的不認識的人。實際上，我參與過製作的暢銷歌曲，幾乎以個人純粹的想法為基礎，為了「某個人」創作出來的。

某個初次登上排行榜就攻上第三名的女歌手，她的出道歌曲就是寫來鼓勵自己的歌。

某一首在短時間內就突破三百萬次下載的熱門歌曲，內容就是在描述思念留在故鄉的情人。

某一首在電視、廣播和有線電視台寫下最多播放紀錄的民謠，原本是為了告訴獨自苦惱的親友「我永遠陪在你身邊」所寫的歌。

假使這些當初在創作時夾雜有任何一點「我要寫一首會賣的歌」的雜念，歌曲背後的想法就會變得薄弱，無法感動太多人。就算歌手本身動機單純，但製作方卻很容易有這種企圖。若是對原本會賣的歌曲硬是做了不必要的加工，曲子原本的熱情和純度也就跟著變弱了。

我為了確認這個假設，每次只要遇到寫下超越時代限制、傳唱至今的名曲創作人，我都會問他們一個問題：「請問你是怎麼寫出這首曲子的？」

這種時候，很多人給我的答案都是：「這是為了寫給某個人的。」

如果歌詞裡的一字一句，都是以某個特定的人為對象真誠訴說，演唱的人和聽的人就會變成「一對一」的關係，自然就能直入聽者的心。

舉個例子來說。假設你有件事「一定要讓大家知道」。

①運用各種傳達技巧準備好簡報資料，面對全場冷靜地說「請大家聽我說」。

②沒有任何準備，雙手熱情地緊抓著要傳達的對方的手，眼睛直視著對方說「有件事你聽我說！」。

哪一個可以更有效地傳達，我想應該不用我說明了吧。

在想著「我要告訴對方」之前，如果把重點擺在「一定要讓對方接受」和「折衷妥協」，最後根本無法打動任何人。

在我知道的歌曲當中，約翰・藍儂（John Lennon）的〈Imagine〉應該可以算是「歷久不衰經典歌曲」的代表作了吧。這也是全世界我最喜歡的歌。

知道這首歌的人或許會覺得疑惑，因為〈Imagine〉的主題講的是偉大的世界和平，換言之就是人類的和平。

這只是我自己個人的解釋，我感覺這是約翰．藍儂為了寵愛的妻子小野洋子，用純真的心情所寫的歌。

她當時是走在時代最前端、倡議和平的前衛藝術家。

這首歌的歌詞，就是她一直努力想傳達給世界的和平想法。所以，創作這首曲子並演唱的行為本身，難道不是對她最真誠的愛的表現嗎？

也就是說，〈Imagine〉是一首為所愛的人而創作的個人性的歌曲。不過是以一對一的純粹愛情為基礎，訴說著世界和平的偉大主題。這種心意深深感動了每個人的心，因此才成為世界上最受喜愛、改變社會的偉大歌曲。

沒有混雜任何多餘的計算和非純真的雜念，「只為一人所寫的歌」。我想，正因為是如此百分百單純、幾乎不輸給大自然的「超純真熱情能量體」，所以才成就這般非凡的成績。

這一點完全不限於音樂。

包括物品、服務、內容等商品，繪畫、攝影、設計、文章等作品，以及對話、聊天、服裝搭配、在部落格及社群媒體上的發文等日常中的表現活動等。一切和人的創作及表現相關的事物，全都是如此。這是我的看法。

在創作的當下，假使考量到他人的評價和反應，靈感的純度就會確實受到影響而變差。一切都必須靠自己本身的想法和熱情等衝動去做，不過這對只會光說不練的現代人來說，出乎意料地相當困難。

什麼是發自自己內心的「真正的衝動」？這和「得失」、「打算」、「虛榮」等大腦創造出來的「假衝動」等雜念和個人欲望，完全是不同的東西。

發自沒有任何不純動機的「喜愛」、「快樂」、「想做」等純粹而熱情的心情產生的東西，才是最美、可以打動人心的東西。

「可以感動一百萬人的歌，都是為了那某一個人而創作的。」

今後若在人生、在工作、在愛情的路上遇到困惑，希望大家都可以想起這句話。

Chapter 34 不懂計算也沒關係

問過這麼多寫下傳唱至今的歌曲的創作人關於「歌曲背後的創作秘密」，我發現還有兩個共通點。

其中之一是，很多成功的歌曲都是「一瞬間便完成」。

這當中也有人表示「感覺有一股很大的力量促使自己完成這首歌」、「自己只是碰巧成為這首歌誕生在這世上的媒介而已」、「感覺這首歌並不屬於自己擁有」。

說著這些話的他們，很多臉上都露出「經歷人生奇蹟」的激動表情。

我對這些意料之外的答案產生了強烈好奇，於是透過長時間的觀察，得到我自己的假設——

許多歷久不衰的歌曲，或許都是在無意識下自然浮現而誕生的吧。

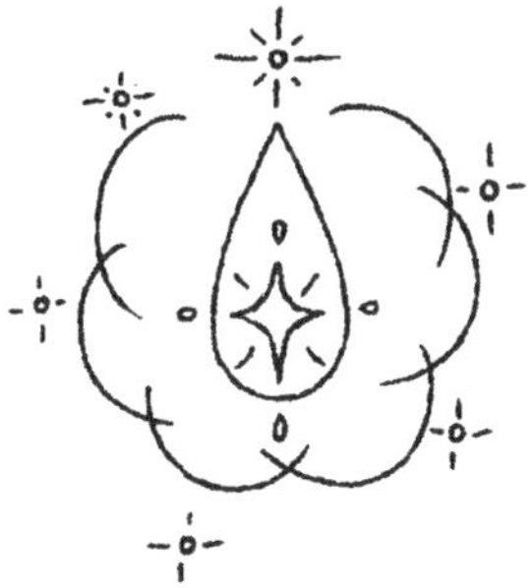

就像大自然在完全不刻意的狀態下，每天都理所當然地創造出壯麗的晨曦和夕照一樣。當然，這背後沒有任何一絲一毫的「計算」和「人為的加工」。

另一個共通點是，這些歌曲的結構都「非常簡單」。無論是曲調和歌詞，就連聲音也是。

當然也有歌曲是根據最新音樂理論精心打造，以獨創、複雜的風格走紅。但奇妙的是，這樣的歌曲往往很快就會失去魅力而消失。

相反的，能夠永遠留在大家心中傳唱下去的歌曲，通常都會讓人感覺到一種自然呈現的壯麗，以及強烈的普遍性，就像大地和天空創造出的美麗自然現象般。

我之所以會有這種感覺，是因為透過後來成為我畢生志趣的飛蠅釣冒險，我經歷過好幾次類似的體驗。

在經過數個小時的嚴峻山路，有時則是步行好幾天才終於抵達的沒有任何人工痕跡的大自然深處，有時候很奇妙的是，不曉得是否因為「想釣到魚」的雜念過於強烈，造成心裡的異物感愈來愈明顯，導致自己完全釣不到魚。

不過，當我穩住呼吸，思緒也跟著應聲停止，意識消失在心中，感覺到「當下」時，突然間，魚就上鉤了。

我認為聽眾和消費者的本能就和自然生物一樣，對於人類的大腦刻意創造出來欲望，或是混入作品中、可以稱為「不純物質」的雜念和企圖，都會感覺到強烈的不協調感。

這種時候就會深刻體認到「大腦的計算也是有限的」。

舉例來說，很多製作人在聽旗下歌手的演唱會時，都會不由自主地因為職業病的關係，注意起一些技術上的細節，例如「這裡走音了」、「有點跑拍了」。

也就是錯把「唱得好」當成了「完美」。

然而，這些真的很重要嗎？

歌迷在看演場會時，根本不會想到這些。不過就是看得快不快樂、開不開心，或是喜不喜歡而已。

歌手有時候會在舞台上因為感動至極而唱不下去。從「重現彩排時的完美舞台」的觀點來看，這麼做或許不行。不過，底下看演唱會的人不是用「大腦」，而是用「心」，所以會被這一幕所感動。

是的，這就是我一再想傳達給各位的想法。比起任何其他最應該優先的，是「感受」。

所以，我「第一次」在聽歌手的最新歌曲時，一定都是閉上雙眼不看歌詞，放空思緒，用「心」去聆聽。

不過，過於想著「要放空」反而不行。在這種時候，我會把注意力只集中在呼吸上，停止思考專心傾聽。就像冥想一樣。

用這種方式**「第一次」聆聽歌曲時，身體和內心的感覺非常重要。因為不能錯失了這種「再也沒第二次的初體驗」**。

經過第一次以後，就算再用這種方式去聽也沒有意義了。因為只要聽過一次，就一定會留下「似曾相識的感覺」。這種感覺將會造成阻礙，使內心的反應變得遲鈍，無法喚醒敏銳度中最敏感的部分。

不用大腦，用心去感受，身體就會出現細微的反應。例如內心受到感動、身體感到一陣顫抖或起雞皮疙瘩等。這些都是我「第一次」聽那些過去經手的暢銷歌曲時身體出現的反應。這種狀態不只是音樂，在面對照片或語言、設計、影像等藝術創作，或是和人或景色做第一次的接觸時，也是完全一樣。

各位也試著藉助「內心的感受」跟「身體感受」，去和人事物做接觸吧。當身體「正中間」的心靈（不是身體「最頂端」的大腦）自然浮現「什麼」時，就盡可能原原本本地去接受它吧。

記憶和計算等代表的「智商＝左腦能力」，很遺憾地每個人之間的落差非常大。不過，「感受能力」就幾乎沒有個人差別。

每個人本來就天生都擁有美麗而純淨的「心靈」，對於這最細膩的部分，當然要全力使用才行。

太仰賴大腦只會注意到枝微末節、無關緊要的地方，反而錯失了真正重要的部分。總是先用大腦思考的人會變得過度算計，不自覺間將一切都以得失判斷，卻迷失了重要的本質。

這麼一來，思考和發言都會變得冷酷，行動也會綁手綁腳，身為一個人該有的氣度也會變得愈來愈狹隘。

希望各位不要變成這種身邊經常出現的無聊大人，都可以回想起「剛來到世界的時候」，從現在這一刻開始重新喚醒心靈。

Chapter 35 不需要隱藏你的想法

各位知道為什麼這個世界需要音樂嗎？

關於人類和猿猴的不同點，有很多從文化人類學出發的論點，包括「使用火」、「使用道具」、「使用語言」等。

不過比起這些，我最喜歡的還是用「會唱歌」來區分人類和動物的說法。

據說人類在使用語言之前，會透過吶喊的方式來表達心中的感情或衝動。這就是「人類的起源」。

對著天空吶喊，是因為要向上天傳達「已經好幾天沒有下雨了，再這樣下去家人會活不下去，明天快給我下雨！」的心情。

當「實在好想好想對眼前的女子表達我的愛意」的心情無以表達時，只好忍不住吶喊出

來。

這些象徵著感情的爆發的純真「吶喊」，後來就慢慢演變成歌曲。這就宛如優美小說中的一段文字，不是嗎？

以下是我從一位創作歌手朋友那裡聽來的說法。

這個世界充斥著無數的社會問題，戰爭和恐攻、貧困和飢餓、差別和階級等。除此之外還有許多不曉得該怎麼面對的問題，包括所愛的人離開人世、愛上情人以外的人等。

這些即便是萬能的上帝或科學也無以解決。所以才有藝術的誕生，不是嗎？

為了面對並克服這些荒謬的問題，所以有了藝術的存在。我們之所以創造音樂、繪畫和文學，其實是為了拯救我們自己。他這麼說。

據說他都是在這樣的心境下創作歌曲。

他以前曾經有個深愛的女子。

後來因為種種原因，女子離開他和別的男子結婚了。就在他悲傷難過到幾乎覺得自己快死掉的時候，他把自己的感覺原原本本地寫成歌曲，三天之內就寫了十九首。

他說，那時候他終於深刻體會到歌曲和藝術存在的理由。

以這種方式創作的他，寫出了好幾首賺人熱淚的名曲。

他曾經看過一位天生身體障礙的女子，後來在劇烈疼痛的折磨下選擇離開了人世。這讓他悲傷到難以承受，只好將無法梳理的心情直接譜成歌曲。

他的故事讓我確信一點是，寄託在人類「表現」中的能量，就是來自於這種刻骨銘心的體驗。

後來，我的行銷哲學演變成除了「創作」音樂的人以外，「聆聽者」也必須要有同樣的心態。

當初在打造後來擁有數次百萬銷售紀錄的男子二重唱時，由於我一直抱著「我想讓以前國中時代覺得自己沒有用的我，聽到他們的歌聲」的心情，所以比誰都要來得投入。結果那一次，無論是在個人形象或媒體策略的細膩度，甚至包括我的行動力，都發揮到最好的狀態。

就某種意義而言，我這種「個人的單純想法」，可以說正是我到目前為止所有成功的動力來源。

首先，各位要把自己心中那有如泉源般源源不絕湧現的純真的「可重現的動力」，作為一切的原動力。

然後，運用那美好的自然動力，使人類被賦予的「大腦這最強大的工具」完全發揮。

到了這個階段再去思考如何可以把想法毫無保留地傳達出去、讓更多人知道，追求「具備說服力的理論」、「用盡計算的策略」以及「精確的技巧」。

我再重申一遍。大腦充其量只是「工具」，不是「動力來源」。所有一切的開始，必須都要是「純真不帶雜念且充滿熱情的念頭」才行。

附帶一提，我身邊每一個有辦法持續創造完美勝利的人，全都純真到令人不可置信的地步。

而且，他們還有一個共通點各位一定要知道的是，他們無時無刻都誠實面對自己的心，對人生和工作擁有熱烈的愛情。

第8章

挑戰

Chapter 36
沒有具體的夢想也不要緊

「或許有夢想是最好的，但是不需要太具體。」

「想進哪一家公司，想做什麼行業，這些其實沒那麼重要。」

這是我在面對「沒有夢想和目標，不知道自己將來要做什麼」、對工作和人生感到困惑的學生時，一定會告訴對方的一句話。

「夢想＝具體的職業」

一旦這麼想，只會把自己逼得很痛苦。

過去我也曾經以某個具體的夢想為目標，努力了好幾年。後來無法達成，因此跌入谷底，以為「自己的人生就這麼完蛋了……」。

在這裡，我想跟各位分享一下我找工作的經驗，以及我為什麼會進入唱片公司的原因。

我在學生時代一直抱著一個夢想：「我要進入NHK，製作可以改變社會的紀錄性節目。」為此，我花了四年的時間，每天在圖書館看完所有的報紙，看遍各個紀錄片，四處尋找社會寫實小說來讀。就連新聞記者的演講和研習會我也去參加，盡一切所能努力去學習。

事實上，我還有第二個志願，就是當老師。

所以我在大學就考取英語教師的執照，打算萬一進不了NHK，就去當國中或高中老師。

大學時期，我是真心想要改變這個世界。

自己以前受到霸凌時，身邊沒有對我伸出援手的大人；習慣言語暴力的一部分老師；眼前逐漸被破壞的自然環境。

從過去許多的經驗，我開始對社會面對人和環境的冷默態度，產生強烈的質疑。所以想要靠自己的雙手改變這個世界。

我想製作揭發社會的紀錄片。或是成為老師，向跟以前的我一樣痛苦的孩子們伸出援手、拯救他們。

當時 NHK 的求職測試特色是必須經過好幾關嚴格的面試，還需要具備非常厲害的筆記技巧。為此，我分別擬定了「筆記策略」和「面試策略」，以好幾家企業的求職測驗作為練習，為真正的測驗做足準備。

然而，最終我在 NHK 的最後一關面試中被刷掉，無法實現「夢想」。這讓我十分懊悔。

後來，我接受了這樣的結果，依照計畫選擇老師的路。

在教師課程最後的「教育實習」，負責擔任的老師是我高中時代的恩師。我將這一切說給他聽，他告訴我：「抱著像你這樣的志願當老師的人，最好要有社會經驗比較好。」「因為原本還是學生的人，明天開始突然變成老師之後，除了英文以外什麼都要能教。」我至今還記得當時聽完他這番話之後受到的打擊。

於是，我想起之前為了 NHK 的「面試策略」參加了 SONY 的求職測試，最後獲選內定的事。所以，懷抱著「這工作可以得到滿有趣的社會經驗吧」這種毫無根據的想像，我最後進入了 SONY。

在志向以外的音樂圈工作，好幾次都讓我感覺「我想在這裡完成更多事」。

在自己負責的歌手真實的演唱會上感動得流下眼淚的人；聽了歌手真心創作的歌曲而得到拯救、寫信來道謝的人。

透過將歌手的音樂和訊息傳遞到全日本，我拯救了那些和我過去一樣受到欺凌，或是在社會遭遇痛苦的人。

這時候我終於意識到，我的夢想並不是「進入 NHK」，也不是「製作紀錄性節目」。

而是「製作並傳遞可以撼動人心的作品」，以及「為社會多少能朝好的方向前進而付出己力」。

這個方法和是透過影像或音樂，還是成為老師或創作東西都沒有關係。說得更明白一點就是「做什麼都可以」。

換言之，**公司和職業不過是實現「夢想＝目標」的單純的「工具＝手段」罷了。只要可以實現目標，可以實現夢想，工具是什麼都無所謂。**

不能進入 NHK 也沒關係。無法製作紀錄性節目也無妨。

因為藉由唱片公司的工作，我已經實現自己的夢想了。對這份工作感受到熱忱的我，就這樣在 SONY 待了九年，後來又在華納音樂待了五年半，前後一共在音樂圈工作了將近十五年。

踏入社會的第十二年，我實現了另一個「夢想」。由於在唱片製作工作上的輝煌成績，我成為上智大學的兼任講師，終於站上教壇。甚至現在還有很多大學都紛紛找我去講課。

這一切都是因為在音樂工作以外，我從來沒有放棄「總有一天要當老師」的遠景，而且還會不斷向身邊的人分享這個夢想。

不過最重要的還是當初那位恩師的一句話。一切就如同他所說的，我的社會經驗完全可以活用在大學的課程上。

雖然沒有成為「期望的模樣」，不過我還是達成了夢想和目標。

舉例來說，在第一志願的公司的求職測驗中落敗，或是在成為律師的司法考試中落榜，你的人生就算結束了嗎？當然不是。

即便不能做想做的工作，也不需要覺得「自己是個沒有用的人」。這不過只是錯過「其中一種工具」，並不代表就無法實現「目標」。

真正重要的是在前方的目標，是透過職業「想完成的事」。

如果你曾經覺得自己沒有實現夢想。

我希望你一定要試著回想：**「自己原本想藉由那曾經是夢想的東西去達成、最後卻沒有實現的事情是什麼？」那個答案，才是你「真正的夢想」**。

重要的不是「做什麼工作、成為什麼樣的人」。

值得賭上人生去追求的，應該是「自己想做什麼、想完成什麼事」。

至今我仍舊沒有改變大學時「希望改變這個世界」的想法。

而且，我現在仍然藉由不同的「工具」，朝著那樣的目標前進中。最後我想就以這個分享來作為結束。

Chapter 37 不需要有求勝心

我從飛蠅釣中學習到行銷上相當重要的一個道理。

首先，飛蠅釣必須具備製作毛鉤的技術。

接著還要學會「釣魚對象和誘餌生物的生態」、「有關山川、湖泊、海洋的豐富知識」、「對環繞這些地方的森林等環境、天候、地球生態系統的深入觀察」。

除了這些以外，對我來說，為了捕捉生存在大自然深處的巨大魚種，以及揹著所有衣食住配備步行一週以上的冒險，還必須具備相當的體力才行。

換言之，我必須要有藝術家的敏銳、與學者相當的博學多聞，而且還要有運動員的體能。

飛蠅釣最大的魅力在於魚不會馬上就上鉤。

這就是為什麼明明用蚯蚓之類的「活餌」就能馬上釣到，卻還是刻意選擇「手工假餌（毛鉤）」的原因。

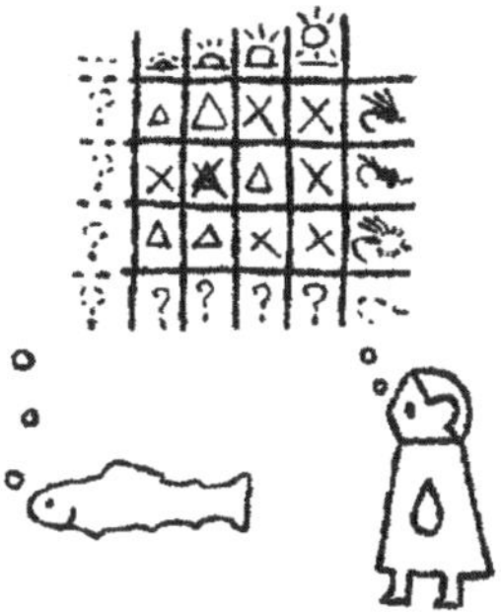

在釣的時候也不能過度晃動魚竿。想像魚會吃的東西，模仿製作毛鉤。然後實地測試，觀察魚的反應，再回家改良毛鉤，繼續到實地測試，反覆這樣的過程。

此外還要在不同的時間實地測試，調整道具，改變毛鉤流動的方式等，不斷進行沒有盡頭的錯誤嘗試。

經過這些辛苦的過程，不斷在同一個地方測試，最後終於釣上野生的大魚。

回想每一次釣到魚的瞬間，至今仍會激動得雙腳不停顫抖。

經過人生和工作的戰場而倖存下來的大人，竟然會「雙腳顫抖」，這在其他地方應該不太可能體驗到吧。

如果不是智慧、精神、技術、體力、自然條件等一切齊全，最後不可能會成功。但是，有時候就算所有條件都備齊，也可能完全釣不到魚。

正因為飛蠅釣是這麼地困難，所以才有趣。

其實以釣魚來說，「釣不到的時間＝失敗的機率」大約有九成以上。也就是說，魚兒上鉤的時間連一成都不到。

因為有這樣的經驗，**不自覺間養成我「不怕失敗」、「一定要從失敗中獲得學習」的行為習慣**。

在二十歲階段的最後那一年，我在日本富士山山腳下發現一隻巨大的虹鱒，就在一條美麗的泉水川中。從那一天開始，我經常跑到那條河川去，只為了想釣到那隻魚。

平日就從凌晨釣到上班的前一刻，假日更是從一早到太陽下山為止，彷彿著了魔似的，從家裡開了一個半小時的車程，就為了來到牠身邊。

牠總是在同一個區域活動，有時候就靜靜地待在那深水中一動也不動，有時則會游到淺灘處覓食。當牠在深水中時，我完全束手無策，只能一整天盯著流水深處看著牠，有時候甚至連魚竿都沒有拋出就回家了。

就這樣經過了約一個月，終於，我釣到了。我贏了。

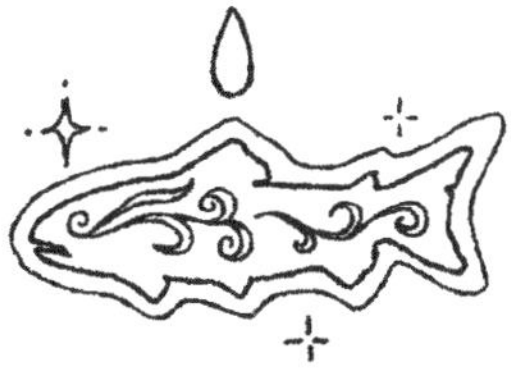

那隻虹鱒全長正好七十公分，是在日本一輩子不知道是否能釣上一次的龐然大物。

不知道是不是因為年紀大了，牠的一隻眼睛變得白濁，應該已經看不到東西了吧。

但即便如此，牠的另一隻眼睛仍然十分銳利，身體閃爍著美麗的光輝。

當我雙手伸入水中抓緊那年老的虹鱒時，牠強烈的野生氣勢讓我渾身顫抖，眼淚不由自主地流下。剎那間我明白了。

我根本沒有贏。比起我，這隻野生虹鱒偉大太多了。

這隻美麗的生物，只不過是因為可以算是一輩子最大錯誤的一時疏忽，或是一不小心的浮躁，剛好成為無能又悲哀的人類捕捉的對象罷了。

那一刻，我感覺到一股超越勝負的空虛。

這就和實際遇到勝過百萬銷售的暢銷好歌時，所感覺到的那股說不出的無力感是一樣的。

一般來說，在專輯發售之前六至九個月的行銷會議上，都必須在資料上寫下明確的目標銷售數字。曾經有一次，我承受著旁人的譏笑，在某位女歌手的第一張專輯的資料上寫下保證「一百萬張」的數字（後來實現了）。

但是，打造過許多暢銷專輯的我自己最清楚，她根本不可能拿下百萬銷售的成績。

行銷就和飛蠅釣一樣。

經過所有的創意努力和嘗試錯誤之後，當魚上鉤的時候，都會誤以為是自己的策略正確、戰勝了魚和自然界。

不過，事實上並非如此。

和生存在溫和的文明社會的我們不一樣，野生生物個個都是在比更勝我們數千倍的激烈生存競爭中生存下來的強者。嚴峻的自然界就這樣完美而單純地不斷循環，沒有任何衝突矛盾。

相反的，人類是沒有辦法在自然界中獨自生存的軟弱生物。只能生存在充滿矛盾和欺騙的社會，是複雜而扭曲的生物。

人類本來就不足以成為大自然和野生動植物的競爭對手。我們必須要對這一點先有自覺，隨時謹記在心才行。

所以後來，我不會想著要釣到魚，在釣到魚的時候，也會很自然地變得謙虛，對所謂「運氣」的「某個偉大存在」心存感謝。

無論是任何一首百萬暢銷的歌曲，只要跨越了某個境界，就會脫離我的操控，在「某個偉大的存在」的運作下，以驚人的速度持續往百萬的數字攀升，不知不覺間傳唱到整個日本。那是種不可思議的感覺。

到了那個時候，我已經完全沒有「自己成功了」的傲慢心情。

以直覺來說，我對自己有把握的銷售數字，頂多就是十萬張。超越這個之後，感覺就已經不再是自己設定的數字了。

不要過度相信自己的能力。就算是成功的時候，也別忘了要冷靜。

這種「謙虛的態度」，才是持續見證暢銷和潮流等社會現象的必備條件，不是嗎？

我之所以能夠在工作上經歷各種成功，有很大的原因是因為透過飛蠅釣，我瞭解到**「自己是無能的」**，以及**「從抽離的俯視角度來審視自己所處的情況」**的重要性。

「市場」就像「大自然」一樣，是由人類無法操控的「某種秩序」建立而成。從真實的經驗讓我學到，即便是砸下以數億圓為單位的行銷預算，到頭來市場也和大自然一樣都是「無法控制」的。

正因為如此，所以「挑戰打動多數人的心＝行銷」才會這麼有趣，會讓人想要為了體驗這「令人興奮的喜悅」而全力以赴，就像飛蠅釣一樣。

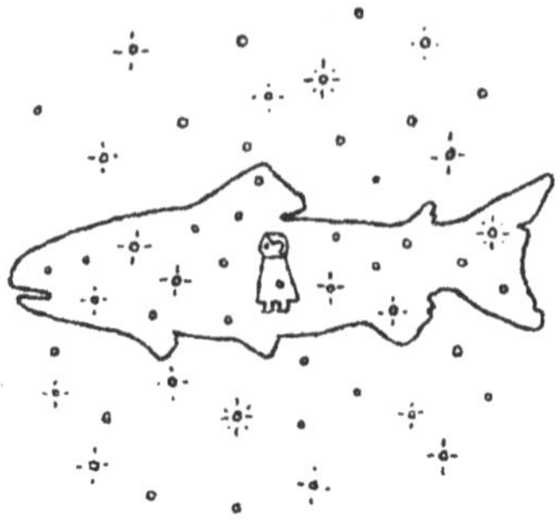

Chapter 38

就算辦不到也沒關係

「我想變得像那個人一樣。」

找到這樣一個讓自己憧憬的人，努力變得跟對方一樣，或許也是一種成長的方法。只不過各位要知道，把和自己不同的「某個人」視為目標，也是有危險的。

在我還有嚴重臉紅恐懼症的國高中時代。

那個時候，我無法接受「自己辦不到」，只覺得「很丟臉、一定要變得更好才行」。

我從遠遠的地方看著教室前舉止落落大方的同學，總是活潑開朗、深受女孩子歡迎的朋友，內心好生羨慕。

我告訴自己「我也想變成那樣」，卻因為自己和對方之間的落差大受打擊，漸漸地我愈來愈討厭自己。

因為這樣，我變得更加沒有自信，更不敢和人說話，陷入有如現實地獄的惡性循環中。

一旦對自己太嚴苛，只會常常感到「自己辦不到」、「自己沒有用」。然後會厭倦這樣的自己，告訴自己「不能這麼做」、「不那麼做不行」，限制了自己的行動。這麼做等於否定自己的存在，如果繼續下去，只會扼殺了自己。

這樣等於是「過度製造」自己。

製作人如果無視歌手的優點，只著重在缺點、弱點和做錯的地方，漸漸地歌手的「創作特質」光采也會跟著消失殆盡。這種行為就叫做過度製造。

舉例來說，我們經常可以看到這種個人形象策略。

不尊重新人本身的特質，要求新人模仿某個知名歌手，唱和時下暢銷歌類似的歌曲，做流行時尚的打扮。這是很常見的「模仿策略」。以專業術語來說就是一種「市場導向」（配合市場需求去研發商品）的作法。

這種作法縱使一時之間賣得出去，不過在社會變化快速的現代，流行和市場趨勢同樣也是瞬息萬變，不可能一直緊追在後，總有一天會露出破綻。

這就是過度製造所引發的最大的惡果。

這種現象不僅限於音樂圈，在家庭、學校甚至是社會，每天都在發生。

父母是孩子的製作人，老師是學生的製作人，主管也是下屬的製作人。這些製作人最不應該做的，就是在和他人比較之下來否定歌手。

面對原本應該給予栽培，使之成功立足社會的歌手，這些製作人卻每天自己用語言扼殺了他們。這就是日本的現狀。

「扼殺歌手＝過度製造」

我想做點什麼，讓這樣的悲劇完全消失。

假使各位記得自己曾經做過這樣的事，希望就從今天開始可以改掉這樣的行為。

我認為**對歌手「什麼都不做」**，**才稱得上是終極製作人**。不過說到底，這只是概念上的製作哲理，是指「終極」的狀況，並不是真的「什麼都不做」。

用料理來比喻就非常容易理解。

如果把新鮮的有機蔬菜，以化學調味料過度調味，烹煮到嚐不出食材本身的味道，這樣就太浪費了。只要稍微撒上鹽巴和橄欖油，直接作為沙拉生食，不但最美味，而且也吃不膩。

如果一開始就以這個人本身的特質去決勝負，例如「喜歡的音樂」、「由個性為出發點的視覺策略」等，那麼就不需要在意社會的變化。

這種作法稱為「生產導向」（以商品為前提的行銷手法）。

在高度經濟成長前後、市場成熟的日本，有很長一段時間，市場導向被認為是最好的行銷手法。然而，我過去從來沒有用過這種方法，從來就只有生產導向的想法。

我也曾經參與過由前輩主導、以市場為導向的企劃。可惜的是，這種方法放到現場總是滯礙難行，最後都沒有辦法持久。

就建立形象來說，最應該要考量的是：

「要怎麼做才能激發這個人的最大魅力？」

不是分析市場，然後配合結果去做，或是把人硬塞到空出的位置上。

而是找出歌手「獨一無二的個性＝獨特性」並加以凸顯，盡可能保有這樣的特性去面對市場。

必須用這種方法去**創造競爭對手所沒有的「過去沒有的全新位置＝新市場」，這才是如同字面意思的「marketing＝創造市場」**。對我而言，我認為與其投入滿是強者的市場，這種作法純粹讓人興奮多了，而且更輕鬆。

全球市值排名第一的蘋果電腦就是最好的例子。它放棄一切市場導向的作法，寫下輝煌的成功，改變了世界。附帶一提，我一直認為從來不管市場調查的蘋果電腦，公司裡所有的暢銷商品，應該全都是史蒂夫・賈伯斯（Steve Jobs）「個人想要的東西」。

這正是「以某一個人為對象的暢銷法則」的真正範例。

開發國家的物資異常地豐富。這些國家為了製作不必要的商品而浪費寶貴的地球資源，不斷地剝削開發中國家的人民。

「不需要類似、不必要的東西」、「放棄模仿性質的市場導向」。有這種強烈想法的人，應該不是只有我吧？

就算退一百步來想，商場上的市場導向或許還可以接受。

但是就各位的人生而言，就不應該這麼做了。

「這麼做就會受歡迎」、「這種衣服現在很流行，所以我要買。」

我再一次重申，就算捏造出不同於真正自己的形象，也絕對無法持久。

持續去做「完全不想做、一點也不喜歡的事」，只是「對自己過度製造」，是抹滅自己真實光輝的行為。

不要受世上的動靜所影響，只要在你應該在的地方，確實地往下扎根。不要過度改變自己，而是一心一意地持續追求「自我」。

最厲害的形象策略，就是不在乎社會狀況，只要針對真實的自我，也就是獨特性去徹底發掘。

將自我本色發揮到最極致的時候，就是你最美的姿態。

Chapter 39

不用著急

大家都太急躁了。

過度焦急於要馬上看到結果、勝過他人。

我移居紐西蘭的夢想，是開始於大學時代。

我的父母並非富裕，當時的我也沒有一技之長，只是個就讀二流大學、默默無聞的年輕人。

我完全沒有自信可以在嚴峻的社會下生存，也不相信自己有能力在工作上做出成果。

關於要如何賺錢買房子、怎麼取得永久居留權、在異國該如何生活，這一切我完全不瞭解。我會的，只有釣魚和英文而已。

對當時的我來說，移民海外就像是以長年遮蔽在雲層底下的雄偉高山為目標、賭上人生

的冒險，是夢想中的夢想。然而，花了十五年的時間，我終於成功攻頂了。

和飛蠅釣並列我人生志趣的還有「長途健行」這種冒險活動。這指的不是登上一座山就算結束，而是花一個星期以上的時間，越過十至二十座高峰，沿著山嶺步行在山路間的登山活動。

在登山的第一天，看著遙遠方向那模糊可見的終點山峰興奮的同時，我每一次都懷疑自己是不是真的能夠成功抵達。

這時候我會告訴自己：「一小步一小步慢慢走就行了。」長距離的登山活動嚴禁大步快走，因為在無法逃避的嚴峻大自然當中，一旦這麼做打亂了節奏，半途就會耗盡力氣而遇難。

不過，只要保持感覺暢快的固定的緩慢步伐，持續一小步一小步地向前走，就能保持體力走到最後。**就算每一步的步伐再怎麼小，也總有一天會抵達終點。而且不可思議的是，到頭來這麼做反而能夠走得更遠。**

雖然說這世上沒有什麼魔法存在，但是就我所知，這就是唯一的魔法。

另外，健行時的行李要愈少愈好。

背包若是太重，人會因為揹得太累而容易不由自主地往下看。但是，如果行李不重，人自然會抬起頭來，帶著笑容邊走邊欣賞周遭的景色。

在人生這段「長途健行的登山活動」中，如果一直低著頭往下看，一點意義也沒有。

既然同樣都要走過險惡漫長的山路，就去感覺路邊的小花和枝頭上的鳥兒鳴叫，去感覺天上飄動的白雲和舒服的微風，用你所有的五官邊走邊感受吧。

假如你只是為了「登頂＝達成人生目標」而活，不在乎途中的過程，奉勸你最好現在就放棄。

在實際的登山活動中，站上山頂只有一瞬間，而且不見得晴朗。很多人都是登上山頂（目標）才發現，那裡並不是自己想看到的景色。

活在世上，應該沒有比這更空虛了吧。

在所謂「人生百年時代」的現代，最重要的是享受登頂之前的「漫長山路＝人生過程」。

而且，以我的人生來說，**享受每天的過程反而可以保持最好的動力和表現，並且確實得到好的結果。**

慢慢地堅持一步一步走下去的行為，會變成一種不勉強的理想鍛鍊，一切的努力也都會內化成你身體的血肉，成為你的一部分。

最後不知不覺間，你的身心都會被鍛鍊得非常美麗。

換言之，**過去的辛苦和經驗，完全都沒有白白浪費。**

人生中有時候也必須努力、必須堅持。愈是在這種時候，我希望各位可以完全發揮大腦，運用你的獨創性去找出「輕鬆完成的方法」。

不要面對任何事都抱持著厭惡的心情去做，「樂在其中的人才是贏家」。

這種方法最簡單，不需要極度的忍耐和堅持，每個人都辦得到。

雖然沒有人可以背負著沉重的行李不斷地跑下去，不過，如果是揹著最少的行李，以自己的步伐緩慢地持續走下去，我想各位應該也能辦得到。

不要再為了贏過「不知道是誰的某個人」，拖著疲累的身體跑下去了。

登山也好人生也好，都不是競爭。目標是始終抱著雀躍的心情不斷走下去，走得愈遠愈好。用活出自我的方式直到最後一天。

「行李盡可能減輕，

慢慢地以自己的節奏和小小的步伐走下去。」

希望各位也能朝著你的目標，

就在今天，踏出你的第一步。

Chapter 40 不需要探索自我（結語）

現在的我正坐在紐西蘭湖畔的家裡陽台，面對著眼前開闊的深藍色湖面，回想自己過去的人生。

從深受過度壓力所苦的青少年時期，一直到三十五歲左右，每當感覺心靈就快崩潰時，我都會告訴自己「是這個世界和大人的錯」，把一切怪罪於外界的因素。

上了大學之後，我開始想「改變這個世界」。然而，世界和他人並不是我能改變的。我的能力可以改變的，只有我自己而已。

讓我領悟這個道理的，是我最重要的朋友，同時也是我所尊敬的一位歌手。

她在聽到我痛罵「這個世界太可惡了」之後，流下眼淚對我說：

「你要愛這一切才行。」

從那一刻開始，我眼前的景色霎時轉變。

我的內心其實一直都想這麼做，卻用「厭惡和憎恨」綁住自己，將自己的心封閉起來。我告訴自己人類是醜陋的，美麗的只有大自然。我藉由獨自走進森林和高山、湖畔，逃避了人類社會，也逃避了自己。

然而，當我嘗試釋放心靈之後，我開始覺得**「人類創造出來的東西」美麗得一點也不輸大自然的絕景**。

同時，當這些絕景誕生的時候，我也意識到一件理所當然的事：「這些並不是因為大自然的努力才誕生的。」因此，我開始能夠相信**「努力的人類」才是地球上最美的風景**。

從那之後，我開始注意到自己的身邊就有「真正的製作人」。那就是我的家人和朋友、恩師、工作夥伴，還有我的另一半。

「不斷努力真心愛著你、認同你、肯定你」的這些人對你付出的深厚的愛，以及客觀、

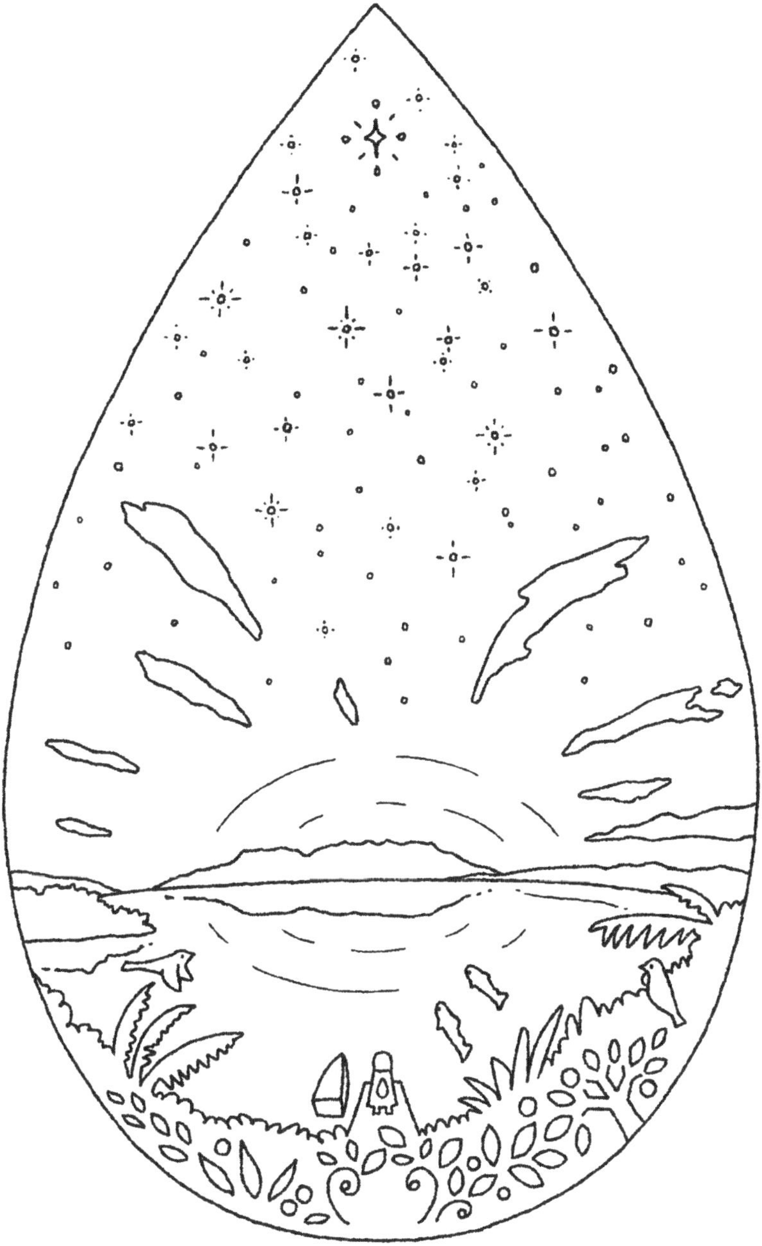

真心的建議，一定可以拯救你。

而你**應該做的不是變得更好，而是「深入去瞭解自己」；也不是改變或成長，而是「回到你自己」**。所以，「做你辦得到的就好」、「不必勉強自己」、「不需要欺騙你的內心或出賣自己的靈魂」。

去瞭解對你而言什麼狀態最自在、做什麼最痛苦。絕對不要過度製作自己，只要接受並原諒失敗的自己，人生很輕易地會開始變得愈來愈好。

對我而言，「成功」並不是成為有錢人，或是在工作上交出漂亮的成績單。**而是「活出自我」。除此之外都不是真正的成功。**

不斷地抹滅自己，讓自己變得身心俱疲，就算登上山頂也沒有意義。因為山上的景色並不代表一切，而且還有必須走同樣距離的下山在等著你。

實際上，我也是在達到心目中人生「最高的一座山」——「移居紐西蘭」之後，才開始真正的人生。

換言之，移民並不是「終點」，只不過是透過長途健行經過的「一座高山」而已。

我之所以拋開安定、頭銜、地位、年收入等一切，移居到紐西蘭湖畔，完全是因為這裡是我最能活出自我的地方，也就是我的「人生歸所」。

在世界上的某個地方，一定有專屬於你自己的人生歸所。引領你走向那裡的提示和契機，就在你的眼前。

所以，現在就開始行動吧。

不必探索自己。只要老老實實地追著理想不斷前進，**找到能活出你自我的「存在之處」就行了。因為在那裡，你就可以很自然地找回「真正的自己」**。

如果你找到那樣自在的地方，請一定要告訴我。

希望這本書可以帶領各位發現你的創作特質。

懷著期待，寫於紐西蘭湖畔森林。

四角大輔

本書經由四角大輔主導的會員制社群網站「Lifestyle Design Camp」支援得以完成。

不需要作的人生清單：從超高壓社會中生存、輕鬆工作的40個技巧，「全世界最簡單」的人生規劃學/四角大輔作；賴郁婷譯. -- 初版. -- 臺北市：春天出版國際文化有限公司, 2024.01
面；公分. -- (Progress；29)
譯自：人生やらなくていいリスト
ISBN 978-957-741-760-2(平裝)
1.CST: 人生哲學 2.CST: 生活指導

191.9 112015806

不需要做的人生清單

從超高壓社會中生存、輕鬆工作的40個技巧，「全世界最簡單」的人生規劃學

人生やらなくていいリスト

Progress 29

作　　者◎四角大輔
內文插圖◎コヤノタカヒロ
譯　　者◎賴郁婷
總 編 輯◎莊宜勳
主　　編◎鍾靈
出 版 者◎春天出版國際文化有限公司
地　　址◎台北市大安區忠孝東路4段303號4樓之1
電　　話◎02-7733-4070
傳　　真◎02-7733-4069
E－mail◎frank.spring@msa.hinet.net
網　　址◎http://www.bookspring.com.tw
部 落 格◎http://blog.pixnet.net/bookspring
郵政帳號◎19705538
戶　　名◎春天出版國際文化有限公司
法律顧問◎蕭顯忠律師事務所
出版日期◎二〇二四年一月初版
定　　價◎320元

總 經 銷◎楨德圖書事業有限公司
地　　址◎新北市新店區中興路2段196號8樓
電　　話◎02-8919-3186
傳　　真◎02-8914-5524
香港總代理◎一代匯集
地　　址◎九龍旺角塘尾道64號 龍駒企業大廈10 B&D室
電　　話◎852-2783-8102
傳　　真◎852-2396-0050

ISBN 978-957-741-760-2
Printed in Taiwan